I libretti d'Opera

Nuova collana a cura di Eduardo Rescigno

Gaetano Donizetti

Anna Bolena

Tragedia lirica in due atti

di

Felice Romani

Testi a cura di Eduardo Rescigno

Casa Ricordi, Milano

Anno 1999

Printed in Italy
138327
ISBN 88-7592-556-9

Avvertenza. Ripubblichiamo qui senza varianti, se non di ordine tipografico, il libretto stampato in occasione della prima rappresentazione dell'opera al Teatro Carcano di Milano il 26 dicembre 1830 ("Anna Bolena / Tragedia lirica in due atti / da rappresentarsi / nel Teatro Carcano / il Carnevale 1830-31 / Milano / per Antonio Fontana / M.DCCC.XXX") (sigla **L**). Sono segnalate in nota le varianti del testo del libretto rispetto alla partitura autografa conservata nell'Archivio Storico Ricordi (sigla **P**). I riferimenti alle fonti del libretto sono basati sulle seguenti edizioni: Alessandro Pepoli, *Anna Bolena*, tragedia in versi in 5 atti, Venezia, 1788 (sigla **AP**); Ippolito Pindemonte, *Enrico VIII, ossia Anna Bolena*, tragedia in versi in 5 atti, Torino, 1816 (sigla **IP**), che è in realtà una traduzione della tragedia in versi in 5 atti *Henri VIII* di Marie-Joseph Chénier (Parigi, 1791).

Indice

Il compositore pag. 8

Cronologia delle opere di Donizetti pag. 11

Il librettista pag. 30

L'opera pag. 33

Il riassunto del libretto pag. 38

Il libretto pag. 41

Il compositore

Gaetano Donizetti nasce a Bergamo, nel quartiere periferico della città alta Borgo Canale, il 29 novembre 1797, da Andrea (che forse a quel tempo è tessitore, e diventerà portiere del Monte di Pietà) e da Domenica Nava, tessitrice. Nel 1806 viene accolto in una scuola di musica gratuita denominata "Le Lezioni caritatevoli di musica", voluta e diretta dal compositore Simon Mayr. Questi fu il primo maestro di Donizetti, e lo iniziò alla conoscenza dello strumentalismo tedesco; inoltre lo fece cantare in un suo oratorio e nella farsa *Alcide al bivio*, e gli diede il ruolo di protagonista nell'operina scolastica *Il piccolo compositore di musica*, rappresentata nel 1811, e che contiene qualche brano composto dal giovane allievo.

Dal 1815 al 1817 Donizetti, a spese della Congregazione di Carità di Bergamo, è a Bologna, a studiare con padre Mattei, l'allievo prediletto di padre Martini. Dopo varie e interessanti composizioni strumentali e alcuni tentativi operistici non rappresentati, Donizetti inizia la carriera teatrale nel 1818 con l'*Enrico di Borgogna*, su libretto dell'amico d'infanzia Bartolomeo Merelli, che ha una discreta accoglienza e che frutta successivi contratti. Tuttavia è solo con la *Zoraide di Granata*, rappresentata a Roma nel 1822, che il giovane compositore raggiunge un consistente successo. I contratti per Roma e per Napoli si infittiscono, ma Donizetti raggiunge anche la Scala con *Chiara e Serafina* (1822). Nel 1825-26 ottiene l'incarico di "maestro di cappella" al Teatro Carolino di Palermo, e scrive ancora per Napoli; nel 1827 si lega con un contratto (dodici opere in tre anni) con il più importante impresario del tempo, Domenico Barbaja, assumendo anche la direzione del Teatro Nuovo di Napoli. Nel giugno 1828 sposa a Roma Virginia Vasselli, di famiglia agiata, mentre continua freneticamente l'attività di operista: quattro opere nuove nel 1827, tre nel 1828 e altre tre nel 1829, e ancora tre nei primi otto mesi del 1830. Tranne una per Roma e una per Genova, sono tutte destinate a Napoli.

Il 26 dicembre 1830 presenta al Teatro Carcano di Milano l'*Anna Bolena*, su libretto di Felice Romani, con Giuditta Pasta e Giovanni Battista Rubini: il buon successo di quest'opera segna l'inizio di un nuovo e ancor più intenso periodo creativo, che tocca tutte le principali piazze della penisola. Negli anni successivi scrive tre, quattro opere all'anno, che vengono rappresentate a Milano (*Ugo, conte di Parigi*, 1832; *L'elisir d'amore*, 1832; *Lucrezia Borgia*, 1833; *Gemma di Vergy*, 1834), a Napoli (*Francesca di Foix*, 1831; *La romanzesca e l'uomo nero*, 1831; *Fausta*, 1832; *Sancia di Castiglia*, 1832; *Maria Stuarda*, 1834), a Roma (*Il furioso all'isola di San Domingo*, 1833; *Torquato Tasso*, 1833), a Firenze (*Parisina*, 1833). Nel 1834 viene nominato insegnante di contrappunto e composizione al Reale Collegio di Musica di Napoli, mentre Rossini gli fa ottenere la commissione per un'opera da rappresentare al Théâtre-Italien di Parigi: sarà il *Marin Faliero*, che vede la luce nel marzo 1835. Poco dopo fa rappresentare a Napoli la *Lucia di Lammermoor*, che lo impone, dopo la morte di Bellini, come il maggior operista d'Europa. Segue un periodo particolarmente infelice, perché tra la fine del 1835 e l'estate dell'anno seguente muoiono i genitori, due figli e la moglie, e gli viene negata la nomina a direttore del Reale Collegio di Musica. Ma il suo catalogo di operista continua ad arricchirsi con produzioni destinate a Venezia (*Belisario*, 1836; *Pia de' Tolomei*, 1837) e a Napoli (*Il campanello*, 1836; *Betly*, 1836; *L'assedio di Calais*, 1836; *Roberto Devereux*, 1837), fino alla *Maria di Rudenz* alla Fenice di Venezia nel gennaio 1838.

Affiorano in Donizetti i sintomi di una grave malattia, e l'attività rallenta; ma già nel 1840 riprende intensamente a comporre, anche se sempre più spesso afflitto da forti dolori di capo: scrive soprattutto per Parigi (*La Fille du régiment*, 1840; *Les Martyrs*, 1840; *La Favorite*, 1840), ma anche per Roma (*Adelia*, 1841), per Milano (*Maria Padilla*, 1841) e per Vienna (*Linda di Chamounix*, 1842). Nel 1842 dirige a Bologna e poi a Vienna lo *Stabat Mater* di Rossini, poi nasce l'ultimo capolavoro comico, il *Don Pasquale* (Parigi 1843), e altre due opere serie per Vienna (*Maria di Rohan*, 1843) e per Parigi (*Dom Sébastien, roi de Portugal*, 1843). Nel 1844 si adopera per il successo dell'*Ernani* verdiano a Vienna, poi torna a Parigi in condizioni di salute precaria. All'inizio del 1846 viene internato con un inganno nel manicomio di Ivry-sur-Seine, e l'isolamento aggrava ulteriormente le sue condizioni di salute. Alla fine del 1847, ormai del tutto incosciente, viene trasportato a Bergamo, dove si spegne l'8 aprile 1848 senza aver più avuto momenti di lucidità.

Cronologia delle opere di Donizetti

1. Il Pigmalione

Scena lirica in un atto, libretto di anonimo, tratto dal libretto *Pimmalione* di Simeone Antonio Sografi, già musicato da Giovanni Battista Cimador (1790), derivato dalla scena lirica *Pygmalion* (1770) di Jean-Jacques Rousseau, musica di Horace Coignet e J.-J. Rousseau.
Composta fra il 15 settembre e il 1° ottobre 1816.
Prima rappresentazione postuma: Bergamo, Teatro Donizetti, 13 ottobre 1960.

2. L'ira d'Achille

Opera seria in due atti, libretto di anonimo, tratto dal libretto omonimo di Felice Romani, già musicato da Giuseppe Nicolini (1814).
Composta nel 1817, incompleta, conservato il primo atto e una scena e duetto del secondo.
Non rappresentata.

3. Enrico di Borgogna

Melodramma in due atti, libretto di Bartolomeo Merelli, tratto dalla commedia *Der Graf von Burgund* (1795) di August von Kotzebue.
Prima rappresentazione: Venezia, Teatro di San Luca, 14 novembre 1818.

4. Una follia (altri titoli: *La follia* e *Il ritratto parlante*)

Farsa in un atto, libretto di Bartolomeo Merelli, tratto dal libretto omonimo di Leone Andrea Tottola, già musicato da Giacomo Cordella (1813).
Partitura perduta, ad eccezione della Sinfonia; libretto perduto.
Prima rappresentazione: Venezia, Teatro di San Luca, 17 dicembre 1818.

5. Le nozze in villa (altro titolo: *I provinciali, ossia Le nozze in villa*)

Dramma buffo in due atti, libretto di Bartolomeo Merelli, tratto dalla commedia *Die deutschen Kleinstädter* (1802) di August von Kotzebue.
Prima rappresentazione: Mantova, Teatro Vecchio, Stagione di Carnevale 1818-19.

6. Piccioli virtuosi ambulanti

Azione drammatico-musicale in un atto, libretto di anonimo.
Per questo "pasticcio" realizzato per il concerto di fine anno da parte degli allievi della scuola di musica diretta da Giovanni Simone Mayr, Donizetti compose l'introduzione e un'aria (tratta da *Le nozze in villa*).
Prima rappresentazione: Bergamo, Lezioni caritatevoli, estate 1819.

7. Pietro il Grande, Kzar delle Russie (altro titolo: *Il falegname di Livonia*)

Melodramma burlesco in due atti, libretto di Gherardo Bevilacqua Aldovrandini, tratto dalla commedia *Le Menuisier de Livonie, ou Les illustres voyageurs* (1805) di Alexandre Duval.
Prima rappresentazione: Venezia, Teatro di San Samuele, 26 dicembre 1819.

8. Zoraida di Granata

Melodramma eroico in due atti, libretto di Bartolomeo Merelli, tratto dal romanzo *Gonzalve de Cordoue, ou Grenade reconquise* (1791) di Jean-Pierre Claris de Florian.
Prima rappresentazione: Roma, Teatro Argentina, 28 gennaio 1822.
Nuova versione, libretto rimaneggiato da Jacopo Ferretti, col titolo *Zoraide di Granata*: Roma, Teatro Argentina, 7 gennaio 1824.

9. La zingara

Dramma per musica in due atti, libretto di Andrea Leone Tottola, tratto dalla commedia *La petite Bohémienne* (1816) di Louis-Charles Caigniez.
Prima rappresentazione: Napoli, Teatro Nuovo, 12 maggio 1822.

10. La lettera anonima

Dramma per musica in un atto, libretto di Giulio Genoino, tratto dalla commedia *Mélite, ou Les fausses lettres* (1630) di Pierre Corneille.
Prima rappresentazione: Napoli, Teatro del Fondo, 29 giugno 1822.

11. Chiara e Serafina, ossia Il pirata

Melodramma semiserio in due atti, libretto di Felice Romani, tratto dalla commedia *La Citerne* (1809) di René-Charles-Guilbert de Pixérécourt.
Prima rappresentazione: Milano, Teatro alla Scala, 26 ottobre 1822.

12. Alfredo il Grande

Dramma per musica in due atti, libretto di Andrea Leone Tottola.
Prima rappresentazione: Napoli, Teatro San Carlo, 2 luglio 1823.

13. Il fortunato inganno

Dramma giocoso per musica in due atti, libretto di Andrea Leone Tottola.
Prima rappresentazione: Napoli, Teatro Nuovo, 3 settembre 1823.

14. L'ajo nell'imbarazzo

Opera buffa in due atti, libretto di Jacopo Ferretti, tratto dalla commedia omonima (1807) di Giovanni Giraud.
Prima rappresentazione: Roma, Teatro Valle, 4 febbraio 1824.
Nuova versione, libretto rimaneggiato da Andrea Leone Tottola (la parte del protagonista in napoletano), con il titolo *Don Gregorio*: Napoli, Teatro Nuovo, 11 giugno 1826.

15. Emilia di Liverpool

Dramma semiserio per musica in due atti, libretto di anonimo, già musicato da Vittorio Trento con il titolo *Emilia di Laverpaut* (1817), tratto dalla commedia *Die väterlich Erwartung* (1788) di August von Kotzebue.
Prima rappresentazione: Napoli, Teatro Nuovo, 28 luglio 1824.
Nuova versione, con libretto modificato da Giuseppe Checcherini e il titolo *L'eremitaggio di Liwerpool*: Napoli, Teatro Nuovo, 8 marzo 1828.

16. Alahor in Granata

Dramma per musica in due atti, libretto di M. A. (Andrea Monteleone?), adattamento del libretto *L'esule di Granata* di Felice Romani, già musicato da Giacomo Meyerbeer (1822), tratto dal romanzo *Gonzalve de Cordoue* (1791) di Jean-Pierre Claris de Florian.
Prima rappresentazione: Palermo, Teatro Carolino, 7 gennaio 1826.

17. Elvida

Dramma per musica in un atto, libretto di Giovanni Schmidt.
Prima rappresentazione: Napoli, Teatro San Carlo, 6 luglio 1826.

18. Gabriella di Vergy

Azione tragica in due atti, libretto di Andrea Leone Tottola, già musicato da Michele Enrico Carafa (1816), tratto dalla tragedia *Gabrielle de Vergy* (1777) di Dormont de Belloy.
Composta a Napoli nel 1826, non completata e non rappresentata (col titolo *Gabriella* il 29 novembre 1869 è stato rappresentato al Teatro San Carlo di Napoli un *pastiche* su musiche di Donizetti, e in parte della prima versione di *Gabriella di Vergy*, realizzato da Giuseppe Puzone e Paolo Serrao).
Nuova versione, su libretto rimaneggiato da anonimo, composta probabilmente nel 1838: prima rappresentazione postuma (in forma di concerto). Belfast, Whitla Hall, 9 novembre 1978.

19. Olivo e Pasquale

Melodramma giocoso in due atti, libretto di Jacopo Ferretti, tratto dalla commedia omonima (1794) e dal dramma *Il più bel giorno della Vestfalia* (data?) di Simeone Antonio Sografi.
Prima rappresentazione: Roma, Teatro Valle, 7 gennaio 1827.
Nuova versione, con i dialoghi parlati e la parte di Pasquale in napoletano: Napoli, Teatro Nuovo, 1 settembre 1827.

20. Otto mesi in due ore

Melodramma romantico in tre parti, libretto di Domenico Gilardoni, tratto dal dramma *La figlia dell'esiliato, ossia Otto mesi in due ore* (1820) di Luigi Marchionni, a sua volta adattamento del dramma *La Fille de l'exilé, ou Huit mois en deux heures* (1819) di René-Charles-Guilbert de Pixérécourt.
Prima rappresentazione: Napoli, Teatro Nuovo, 13 maggio 1827.
Seconda versione, libretto rimaneggiato da Antonio Alcozer: Palermo, Teatro Carolino, 1828.
Terza versione, col titolo *Gli esiliati in Siberia*: Milano, Teatro alla Scala, 4 settembre 1831.
Quarta versione, libretto rimaneggiato da Jacopo Ferretti, col titolo *Gli esiliati in Siberia*: Roma, Teatro Valle, 4 febbraio 1832.
Altre versioni: aprile-ottobre 1834, libretto modificato da Jacopo Ferretti in vista di una esecuzione a Torino, Teatro Carignano: non rappresentata; 1839-40, libretto in francese con dialoghi parlati, di Adolphe de Leuven e Léon Lévy Brunswick, col titolo *Élisabeth, ou La Fille de l'exilé*, in vista di una esecuzione a Parigi, Opéra-Comique: non rappresentata (in una revisione di Uranio Fontana, col titolo *Élisabeth ou La Fille du proscrit*, rappresentazione postuma a Parigi, Théâtre-Lyrique, 31 dicembre 1853); 1840, libretto italiano con recitativi, derivato dal testo francese di *Élisabeth,* probabilmente a cura di Gaetano Donizetti, col titolo *Elisabetta*, in vista di una esecuzione a Londra, Her Majesty's Theatre: prima rappresentazione postuma: Londra, The Royal Opera House, 16 dicembre 1997.

21. Il borgomastro di Saardam

Melodramma giocoso in due atti, libretto di Domenico Gilardoni, tratto dal dramma *Le Bourgemestre de Saardam, ou Les deux Pierres* (1818) di Mélesville, Jean-Toussaint Merle e Jean-Bernard-Eugène Cantiran de Boire.
Prima rappresentazione: Napoli, Teatro del Fondo, 19 agosto 1827.
Nuova versione: Napoli, Teatro Nuovo, settembre 1831.

22. Le convenienze ed inconvenienze teatrali

Farsa in un atto, libretto di Domenico Gilardoni, tratto dalle commedie *Le convenienze teatrali* (1794) e *Le inconvenienze teatrali* (1800) di Simeone Antonio Sografi.
Prima rappresentazione: Napoli, Teatro Nuovo, 21 novembre 1827.
Nuova versione: Napoli, Teatro del Fondo, 26 settembre 1831.

23. L'esule di Roma, ossia Il proscritto

Melodramma eroico in due atti, libretto di Domenico Gilardoni, tratto dal dramma *Il proscritto romano, ossia Il leone del Caucaso* (1820) di Luigi Marchionni, a sua volta derivato dal dramma *Androclès, ou Le Lion reconnaissant* (1804) di Louis-Charles Caignicz.
Prima rappresentazione: Napoli, Teatro San Carlo, 1 gennaio 1828.

24. Alina regina di Golconda

Melodramma semiserio in due atti, libretto di Felice Romani, tratto dalla novella *Aline, reine de Golconde* (1761) di Stanislas Jean Chevalier de Boufflers, e dal libretto omonimo di Michel-Jean Sedaine, musicato da Pierre-Alexandre Monsigny (1766).
Prima rappresentazione: Genova, Teatro Carlo Felice, 12 maggio 1828.
Nuova versione: Roma, Teatro Valle, 10 ottobre 1829.

25. Gianni da Calais

Melodramma semiserio in tre atti, libretto di Domenico Gilardoni, tratto dalla commedia *Jean de Calais* (1810) di Louis-Charles Caigniez.
Prima rappresentazione: Napoli, Teatro del Fondo, 2 agosto 1828.

26. Gianni di Parigi

Melodramma in due atti, libretto di Felice Romani, già musicato da Francesco Morlacchi (1818), tratto dal libretto *Jean de Paris* di Claude Godard d'Aucourt de Saint-Just, musicato da Adrien Boïeldieu (1812). Composta nel 1828-32.
Prima rappresentazione (non autorizzata dall'autore): Milano, Teatro alla Scala, 10 settembre 1839.

27. Il paria

Melodramma in due atti, libretto di Domenico Gilardoni, tratto dal libretto omonimo di Gaetano Rossi (1826) per Michele Carafa, derivato dalla tragedia *Le Paria* (1821) di Casimir-Jean-François Delavigne.
Prima rappresentazione: Napoli, Teatro San Carlo, 12 gennaio 1829.

28. Il giovedì grasso (altro titolo: *Il nuovo Pourceaugnac*)

Farsa in un atto, libretto di Domenico Gilardoni, tratto dal vaudeville *Encore un Pourceaugnac, ou Les Limousins vengés* (1817) di Eugène Scribe e Delestre-Poirson.
Prima rappresentazione: Napoli, Teatro del Fondo, 26 febbraio 1829.

29. Il castello di Kenilworth

Melodramma in tre atti, libretto di Andrea Leone Tottola, tratto dal dramma *Elisabetta al castello di Kenilworth* (1824) di Gaetano Barbieri, derivato dal romanzo *Kenilworth* (1821) di Walter Scott.
Prima rappresentazione: Napoli, Teatro San Carlo, 6 luglio 1829.

30. I pazzi per progetto

Farsa in un atto, libretto di Domenico Gilardoni, tratto dalla commedia omonima (1819) di Giovanni Carlo Cosenza, derivata dal vaudeville *Une visite à Bedlam* (1818) di Eugène Scribe e Delestre-Poirson.
Prima rappresentazione: Napoli, Teatro San Carlo, 6 febbraio 1830.

31. Il diluvio universale

Azione tragico-sacra in tre atti, libretto di Domenico Gilardoni, tratto dalla tragedia *Il diluvio* (1788) di Francesco Ringhieri, dal poema *Heaven and Earth, a Mystery* (1822) di George Gordon Byron e dal poema *The Loves of the Angels* (1823) di Thomas Moore.
Prima rappresentazione: Napoli, Teatro San Carlo, 6 marzo 1830.
Nuova versione: Genova, Teatro Carlo Felice, 28 gennaio 1834.

32. Imelda de' Lambertazzi

Melodramma tragico in due atti, libretto di Andrea Leone Tottola, derivato dal libretto *Imelda* dello stesso autore, già musicato da Tommaso Sgricci (1827), tratto dalla tragedia *Imelda* (1825) di Gabriele Sperduti.
Prima rappresentazione: Napoli, Teatro San Carlo, 5 settembre 1830.

33. Anna Bolena

Tragedia lirica in due atti, libretto di Felice Romani, tratto dalla tragedia *Henri VIII* (1791) di Marie-Joseph Chénier, nella traduzione di Ippolito Pindemonte (*Enrico VIII, ossia Anna Bolena*, 1816), e dalla tragedia *Anna Bolena* (1788) di Alessandro Pepoli.

Enrico VIII: Filippo Galli, basso
Anna Bolena: Giuditta Pasta, soprano
Giovanna Seymour: Elisa Orlandi, mezzosoprano
Lord Rochefort: Lorenzo Biondi, basso
Riccardo Percy: Giovanni Battista Rubini, tenore
Smeton: Enrichetta Laroche, contralto
Sir Hervey: Antonio Crippa, tenore
Scene: Alessandro Sanquirico
Maestro del coro: Giulio Cesare Granatelli
Primo violino e direttore d'orchestra: Nicola Zamboni Petrini

Prima rappresentazione: Milano, Teatro Carcano, 26 dicembre 1830.

34. Francesca di Foix

Melodramma in un atto, libretto di Domenico Gilardoni, tratto dal libretto *Françoise de Foix* di Jean-Nicolas Bouilly e Louis-Emmanuel-Félicité-Charles Mercier Dupaty, musicato da Henry-Montan Berton (1809).

Prima rappresentazione: Napoli, Teatro San Carlo, 30 maggio 1831.

35. La romanzesca e l'uomo nero

Farsa in un atto, libretto di Domenico Gilardoni, tratto dalla commedia *La donna dei romanzi* (1819) di Augusto Bon.

Perduti il libretto e la partitura; conservato uno spartito per canto e pianoforte incompleto.

Prima rappresentazione: Napoli, Teatro del Fondo, 18 giugno 1831.

36. Fausta

Melodramma in due atti, libretto di Domenico Gilardoni e Gaetano Donizetti.
Prima rappresentazione: Napoli, Teatro San Carlo, 12 gennaio 1832.
Nuova versione: Venezia, Teatro La Fenice, 26 dicembre 1833.

37. Ugo conte di Parigi

Tragedia lirica in quattro parti, libretto di Felice Romani, tratto dalla tragedia *Blanche d'Aquitaine, ou Le dernier des Carlovingiens* (1827) di Hippolyte-Louis-Florent Bis.
Prima rappresentazione: Milano, Teatro alla Scala, 13 marzo 1832.

38. L'elisir d'amore

Melodramma giocoso in due atti, libretto di Felice Romani, tratto dal libretto *Le Philtre* (1831) di Eugène Scribe, musicato da Daniel-François-Esprit Auber.
Prima rappresentazione: Milano, Teatro alla Canobbiana, 12 maggio 1832.

39. Sancia di Castiglia

Tragedia lirica in due atti, libretto di Pietro Salatino.
Prima rappresentazione: Napoli, Teatro San Carlo, 4 novembre 1832.

40. Il furioso all'isola di San Domingo

Melodramma in due atti, libretto di Jacopo Ferretti, tratto dalla commedia omonima (1820) di anonimo, forse Luigi Vestri, a sua volta tratta da un episodio del romanzo *El ingenioso hidalgo don Quijote de la Mancha* (parte I, capp. 23-27, 1605) di Miguel de Cervantes Saavedra.
Prima rappresentazione: Roma, Teatro Valle, 2 gennaio 1833.
Nuova versione: Milano, Teatro alla Scala, 1 ottobre 1833.

41. Parisina

Melodramma in tre atti, libretto di Felice Romani, tratto dal poema *Parisina* (1816) di George Gordon Byron.
Prima rappresentazione: Firenze, Teatro della Pergola, 17 marzo 1833.

42. Torquato Tasso

Melodramma in tre atti, libretto di Jacopo Ferretti, tratto dalla commedia storica omonima (1832) di Giovanni Rosini.
Prima rappresentazione: Roma, Teatro Valle, 9 settembre 1833.

43. Lucrezia Borgia

Melodramma in un prologo e due atti, libretto di Felice Romani, tratto dal dramma *Lucrèce Borgia* (1833) di Victor Hugo.
Prima rappresentazione: Milano, Teatro alla Scala, 26 dicembre 1833.
Seconda versione, con un nuovo finale:
Prima rappresentazione: Milano, Teatro alla Scala, 11 gennaio 1840.
Terza versione, grande opera in quattro atti:
Prima rappresentazione: Parigi, Théâtre des Italiens, 31 ottobre 1840.

44. Rosmonda d'Inghilterra

Melodramma serio in due atti, libretto di Felice Romani, già musicato (1829) da Carlo Coccia, modificato dallo stesso Romani.
Prima rappresentazione: Firenze, Teatro della Pergola, 26 o 27 febbraio 1834.
Nuova versione, 1837, col titolo *Eleonora di Gujenna*: non rappresentata.

45. Maria Stuarda

Tragedia lirica in quattro parti, libretto di Giuseppe Bardari, tratto dalla tragedia *Maria Stuart* (1800) di Friedrich Schiller.
Composta nell'estate 1834, non rappresentata per divieto del re di Napoli Ferdinando II dopo la prova generale al Teatro San Carlo, il 5 o 6 settembre 1834.
Prima rappresentazione, libretto revisionato da Calisto Bassi: Milano, Teatro alla Scala, 30 dicembre 1835.

46. Buondelmonte

Tragedia lirica in due atti, rifacimento di *Maria Stuarda* (1834), libretto di Pietro Salatino, tratto dalla tragedia *Buondelmonte e gli Amidei* (1827) di Carlo Marenco.
Prima rappresentazione: Napoli, Teatro San Carlo, 18 ottobre 1834.

47. Gemma di Vergy

Tragedia lirica in due atti, libretto di Giovanni Emanuele Bidera, tratto dalla tragedia *Charles VII chez ses grands vassaux* (1831) di Alexandre Dumas padre.
Prima rappresentazione: Milano, Teatro alla Scala, 26 dicembre 1834.

48. Marino Faliero

Tragedia lirica in tre atti, libretto di Giovanni Emanuele Bidera con aggiunte di Agostino Ruffini, tratto dalla tragedia omonima (1829) di Casimir-Jean-François Delavigne.
Prima rappresentazione: Parigi, Théâtre-Italien, 12 marzo 1835.

49. Lucia di Lammermoor

Dramma tragico in due parti (tre atti), libretto di Salvadore Cammarano, tratto dal romanzo *The Bride of Lammermoor* (1819) di Walter Scott.
Prima rappresentazione: Napoli, Teatro San Carlo, 26 settembre 1835.
Nuova versione, libretto tradotto in francese da Alphonse Royer e Gustave Vaëz: Parigi, Théâtre de la Renaissance, 6 agosto 1839.

50. Belisario

Tragedia lirica in tre parti, libretto di Salvadore Cammarano scritto nel 1832, tratto dal dramma omonimo di Luigi Marchionni, derivato dal dramma *Belisarius* (1820) di Eduard von Schenk.
Prima rappresentazione: Venezia, Teatro La Fenice, 4 febbraio 1836.

51. Il campanello

Melodramma giocoso in un atto, libretto di Gaetano Donizetti, tratto dal vaudeville *La Sonnette de nuit* (1835) di Léon Lévy Brunsvick, Mathieu-Barthélemy Troin e Victor Lhérie.
Prima rappresentazione: Napoli, Teatro Nuovo, 1 giugno 1836.

52. Betly, ossia La capanna svizzera

Dramma giocoso in un atto, libretto di Gaetano Donizetti, tratto dal libretto *Le Chalet* di Eugène Scribe e Mélesville, musicato da Adolphe Adam (1834).
Prima rappresentazione: Napoli, Teatro Nuovo, 21 agosto 1836.
Nuova versione in due atti: Palermo, Teatro Carolino, 29 ottobre 1837.

53. L'assedio di Calais

Dramma lirico in tre atti, libretto di Salvadore Cammarano, tratto dal dramma *Edoardo III, ossia L'assedio di Calais* (1825) di Luigi Marchionni, a sua volta derivato dalla tragedia *Le siège de Calais* (1765) di Dormont de Belloy.
Prima rappresentazione: Napoli, Teatro San Carlo, 19 novembre 1836.

54. Pia de' Tolomei

Tragedia lirica in due parti, libretto di Salvadore Cammarano, tratto dal dramma omonimo (1836) di Giacinto Bianco e dalla tragedia *La Pia de' Tolomei* (1836) di Carlo Marenco.
Prima rappresentazione: Venezia, Teatro Apollo, 18 febbraio 1837.
Nuova versione, con libretto modificato dallo stesso Cammarano: Senigallia, Teatro La Fenice, 31 luglio 1837.
Terza versione, con modifiche al libretto di autore non identificato: Napoli, Teatro San Carlo, 30 settembre 1838.

55. Roberto Devereux (altro titolo: *Il Conte di Essex*)

Tragedia lirica in tre atti, libretto di Salvadore Cammarano, tratto dal dramma *Élisabeth d'Angleterre* (1829) di Jacques-Arsène-François-Polycarpe Ancelot.
Prima rappresentazione: Napoli, Teatro San Carlo, 28 ottobre 1837.
Nuova versione: Parigi, Théâtre-Italien, 27 dicembre 1838.

56. Maria de Rudenz

Dramma tragico in tre parti, libretto di Salvadore Cammarano, tratto dal dramma *La Nonne sanglante* (1835) di Auguste Anicet-Bourgeois.
Prima rappresentazione: Venezia, Teatro La Fenice, 30 gennaio 1838.

57. Poliuto

Tragedia lirica in tre atti, libretto di Adolphe Nourrit e Salvadore Cammarano, tratto dalla tragedia *Polyeucte martyr* (1642) di Pierre Corneille.
Composta nel 1838, proibita l'11 agosto dal re di Napoli Ferdinando II.
Prima rappresentazione postuma: Napoli, Teatro San Carlo, 30 novembre 1848.

58. Le Duc d'Albe

Grand-opéra in quattro atti, libretto di Eugène Scribe e Charles Duveyrier, tratto dalla tragedia *Les Vêpres siciliennes* (1819) di Casimir-Jean-François Delavigne.
Composta nell'aprile-ottobre 1839 per l'Opéra di Parigi, rimasta incompiuta.
Prima rappresentazione postuma, completata da Matteo Salvi, traduzione italiana di Angelo Zanardini, col titolo *Il duca d'Alba*, in tre atti: Roma, Teatro Apollo, 22 marzo 1882.

59. La Fille du Régiment

Opéra-comique in due atti, libretto di Jean-François-Albert Bayard e Jules-Henry Vernoy de Saint-Georges.
Prima rappresentazione: Parigi, Théâtre de l'Opéra-Comique, 11 febbraio 1840.
Nuova versione, libretto tradotto e rielaborato da Calisto Bassi e Gaetano Donizetti, col titolo *La figlia del reggimento*: Milano, Teatro alla Scala, 3 ottobre 1840.

60. Les Martyrs

Grand-opéra in quattro atti, rifacimento del *Poliuto* (1838), libretto di Adolphe Nourrit e Salvadore Cammarano, tradotto e ampliato da Eugène Scribe, tratto dalla tragedia *Polyeucte martyr* (1642) di Pierre Corneille.
Prima rappresentazione: Parigi, Théâtre de l'Opéra, 10 aprile 1840.

61. La Favorite

Grand-opéra in quattro atti, libretto di Alphonse Royer e Gustave Vaëz, revisionato da Eugène Scribe. Rifacimento di *L'Ange de Nisida*, di A. Royer e G. Vaëz, tratto dal dramma *Les amours malheureux, ou Le comte de Comminges* (1790) di François-Thomas de Baculard d'Arnaud, libretto che Donizetti aveva parzialmente musicato sul finire del 1839.
Prima rappresentazione: Parigi, Théâtre de l'Opéra, 2 dicembre 1840.

62. Adelia, o La figlia dell'arciere

Melodramma serio in tre atti, libretto di Felice Romani, derivato dal libretto dello stesso autore *Adele di Lusignano* per Michele Carafa (1817), quindi riutilizzato con il titolo *La figlia dell'arciere* per la musica di Carlo Coccia (1834), con il terzo atto modificato da Girolamo Maria Marini.
Prima rappresentazione: Roma, Teatro Apollo, 11 febbraio 1841.

63. Rita, ou Le Mari battu

Opéra-comique in un atto, libretto di Gustave Vaëz.
Composta nel giugno 1841.
Prima rappresentazione postuma: Parigi, Théâtre de l'Opéra-Comique, 7 maggio 1860.

64. Maria Padilla

Melodramma in tre atti, libretto di Gaetano Rossi e Gaetano Donizetti, tratto dalla tragedia omonima (1838) di Jacques-Arsène-François-Polycarpe Ancelot.
Prima rappresentazione: Milano, Teatro alla Scala, 26 dicembre 1841.
Nuova versione: Trieste, Teatro Grande, 1 marzo 1842.

65. Linda di Chamounix

Melodramma in tre atti, libretto di Gaetano Rossi, tratto dal dramma *La Grâce de Dieu* (1841) di Adolphe-Philippe Dennery e Gustave Lemoine.
Prima rappresentazione: Vienna, Kärntnertortheater, 19 maggio 1842.
Nuova versione: Parigi, Théâtre-Italien, 17 novembre 1842.

66. Caterina Cornaro

Tragedia lirica in un prologo e due atti, libretto di Giacomo Sacchero, tratto dal libretto *La Reine de Chypre* di Jules-Henry Vernoy de Saint-Georges, già musicato da Jacques Halévy (1841).
Composta parzialmente nell'ottobre-novembre 1842 per il Kärntnertortheater di Vienna, poi sospesa perché in quel teatro stava per essere rappresentata un'opera di Franz Lachner sullo stesso soggetto, *Catarina Cornaro, Königin von Cypern*, già rappresentata a Monaco (1841); ripresa nella primavera 1843 per Napoli.
Prima rappresentazione (con varianti non approvate dall'autore): Napoli, Teatro San Carlo, 18 gennaio 1844.

67. Don Pasquale

Opera buffa in tre atti, libretto di Giovanni Ruffini, tratto dal libretto *Ser Marcantonio* di Angelo Anelli, già musicato da Stefano Pavesi (1810).
Prima rappresentazione: Parigi, Théâtre-Italien, 3 gennaio 1843.

68. Ne m'oubliez pas

Opéra-comique in tre atti, libretto di Jules-Henry Vernoy de Saint-Georges.
Composta nella primavera 1843, limitatamente a sei brani.
Non rappresentata.

69. Maria di Rohan

Melodramma tragico in tre parti, libretto di Salvadore Cammarano, con alcune modifiche probabilmente di Giovanni Ruffini, tratto dal dramma *Un duel sous le Cardinal de Richelieu* (1832) di Lockroy e Edmond Badon.
Prima rappresentazione: Vienna, Kärntnertortheater, 5 giugno 1843.
Nuova versione: Parigi, Théâtre-Italien, 14 novembre 1843.

70. Dom Sébastien de Portugal

Grand-opéra in cinque atti, libretto di Eugène Scribe, tratto dalla tragedia *Dom Sébastien de Portugal* (1838) di Paul-Henry Foucher.
Prima rappresentazione: Parigi, Théâtre de l'Opéra, 13 novembre 1843.
Nuova versione, in tedesco, traduzione di Leo Herz, col titolo *Dom Sebastian*: Vienna, Kärntnertortheater, 6 febbraio 1845.
Versione in italiano, traduzione di Giovanni Ruffini, col titolo *Don Sebastiano* (versione quasi certamente realizzata senza la collaborazione di Donizetti): Milano, Teatro alla Scala, 14 agosto 1847.

Il librettista

Felice Romani nasce a Genova il 31 gennaio 1788, e nella città natale segue regolari studi classici, laureandosi in lettere (aveva inoltre studiato legge a Pisa); in un primo tempo pensò di dedicarsi all'insegnamento universitario, ma un soggiorno a Milano, dove conobbe Foscolo e Monti, lo indusse a optare per l'attività di critico letterario e di poeta. Fin dal 1813 inizia a scrivere libretti (il primo fu *La rosa bianca e la rosa rossa* per Mayr), e ben presto il Teatro alla Scala lo lega con un contratto, che si risolve in una produzione particolarmente intensa (fino a sei libretti all'anno), destinati ancora a Mayr (*Medea in Corinto*, 1813; *Danao*, 1818; *Atalia*, 1822), a Rossini (*Aureliano in Palmira*, 1813; *Il turco in Italia*, 1814; *Bianca e Faliero*, 1819), a Nicolini (*L'ira di Achille*, 1814), a Soliva (*La testa di bronzo*, 1816), a Winter (*Maometto*, 1817), a Generali (*Rodrigo di Valenza*, 1817), a Pavesi (*La gioventù di Cesare*, 1817), a Carafa (*Adele di Lusignano*, 1817; *I due Figaro*, 1820), a Morlacchi (*Gianni di Parigi*, 1818, poi riutilizzato da Donizetti, 1839), a Gyrowetz (*Il finto Stanislao*, 1818), a Pacini (*Il barone di Dolsheim*, 1818; *La sacerdotessa d'Irminsul*, 1820), a Basili (*Gl'Illinesi*, 1819; *Il califfo e la schiava*, 1819), a Meyerbeer (*Margherita d'Anjou*, 1820, *L'esule di Granata*, 1822), a Morlacchi (*Donna Aurora*, 1821), a Giuseppe Mosca (*La voce misteriosa*, 1821), a Mercadante (*Amleto*, 1822), a Donizetti (*Chiara e Serafina*, 1822). In questo periodo rifiuta la lusinghiera offerta di diventare poeta cesareo a Vienna per non dover prendere la nazionalità austriaca; inoltre cura la pubblicazione di un ampio "Dizionario d'ogni mitologia e antichità", traduce romanzi francesi, scrive articoli per i periodici "L'Ape italiana" e la "Vespa", e fa rappresentare la commedia *L'amante e l'impostore*. L'attività librettistica è comunque sempre intensa, e negli anni seguenti comprende, tra gli altri libretti, la *Francesca da Rimini* (1823) per Strepponi, che venne poi musicata da una decina di altri compositori, fra cui Mercadante (1828), *Elena e Malvina* (1824) per Soliva, *Gli avventurieri* (1825) per Cordella, *Giulietta e Romeo* (1825) per Vaccaj, *I saraceni in Sicilia* (1828) e *Colombo* (1828) per Morlacchi, *Rosmonda* (1829) per Coccia, ripreso da Donizetti come *Rosmonda d'Inghilterra* (1834), *La regina di Golconda* (1828), *Anna Bolena* (1830), *L'elisir d'amore* (1832), *Parisina* (1833) e *Lucrezia Borgia* (1833) per Donizetti, *Il disertore svizzero* (1831) e *Un episodio del San Michele* (1834) per Pugni, *I Normanni a Parigi* (1832), *Il conte d'Essex* (1833), *Emma d'Antiocchia* (1834) e *La gioventù di Enrico V* (1834) per Mercadante, *Caterina di Guisa* (1833) per Coccia, *I due sergenti* (1833) e *Un'avventura di Scaramuccia* (1834) per Luigi Ricci. Nel 1827 comincia la collaborazione con Bellini, che frutta un rifacimento (*Bianca e Fernando*, 1828) e sette opere nuove: *Il pirata* (1827), *La straniera* (1829), *Zaira* (1829), *I Capuleti e i Montecchi* (1830), *La sonnambula* (1831), *Norma* (1831) e *Beatrice di Tenda* (1833).

Nel 1834 Romani venne chiamato a Torino dal re Carlo Alberto a dirigere la "Gazzetta Ufficiale Piemontese", incarico che tenne fino al 1849 e nuovamente dal 1855; fra il 1849 e il 1854 collaborò al "Piemonte" diretto da Luigi Carlo Farini. In seguito all'assunzione di questi nuovi incarichi, l'attività librettistica diminuì sensibilmente, pur senza cessare del tutto, e prese maggior vigore l'impegno pubblicistico. Gli ultimi libretti di Romani sono *La solitaria delle Asturie* (1838) per Coccia, poi ripreso da Mercadante (1840) e da Luigi Ricci (1845), *La spia* (1850) per Villanis, *Editta di Lorno* (1853) per Litta e *Cristina di Svezia* (1855) per Thalberg. Fra le altre opere, l'inizio di un romanzo (*L'arte di arrangiarsi*), novelle e favole in versi e in prosa, epigrammi, e molte poesie riunite nel volume *Liriche* (1841); infine vari articoli di critica letteraria. Romani si ritirò nell'estate del 1864 a Moneglia (La Spezia), e ivi morì il 23 gennaio 1865.

Ammiratore del Monti, tenace assertore del classicismo contro le infatuazioni romantiche per Byron e Victor Hugo, Romani ebbe soprattutto il merito di una versificazione elegante e di un buon mestiere teatrale. La collaborazione con Bellini e Donizetti lo spinse ad affrontare argomenti di scoperta intonazione romantica, pieni di quei sospiri, di quei fremiti e di quei singhiozzi che egli esplicitamente rifiutava; e lo fece creando un abile compromesso fra la classica compostezza del verso e della struttura teatrale, e l'intensità appassionata della vicenda.

L'opera

Nel luglio del 1830, mentre seguiva le prove di *Imelda de' Lambertazzi* andata poi in scena con poca fortuna al Teatro San Carlo di Napoli il 5 settembre, Donizetti ricevette l'invito a scrivere una nuova opera per Milano. Era una proposta allettante, malgrado fosse destinata non alla Scala, ma a un teatro minore, il Carcano; allettante soprattutto perché l'invito giungeva da un illustre melomane, che aveva deciso di fare le cose in grande, in esplicita opposizione alla conduzione della Scala, da lui considerata carente. Si trattava del duca Pompeo Litta che, insieme ai due direttori del Carcano, Marietti e Soleri, stava organizzando una stagione che puntava sui due più importanti cantanti del momento, Giuditta Pasta e Giovanni Battista Rubini, e proponeva anche un promettente giovane mezzosoprano come Elisa Orlandi e un basso bene affermato, Filippo Galli. Per le novità di quella stagione avevano pensato di rivolgersi a Donizetti e a Bellini, quest'ultimo già molto apprezzato a Milano, mentre Donizetti era ancora poco conosciuto. E proprio Donizetti venne scelto per l'inaugurazione della stagione, il tradizionale giorno di Santo Stefano. Il contratto venne firmato il primo agosto e prevedeva un buon compenso, mentre il libretto sarebbe stato preparato da uno dei più stimati scrittori del momento, Felice Romani, già da qualche anno prezioso collaboratore di Bellini (per il Carcano gli avrebbe scritto *La sonnambula*), ma con il quale Donizetti non aveva avuto particolare fortuna: *Chiara e Serafina*, presentata alla Scala nel 1822, era stato un insuccesso, mentre la collaborazione per *Alina regina di Golconda*, eseguita a Genova nel 1828, era stata costellata da molti incidenti. Tuttavia, proprio la presenza di Romani fu uno dei motivi del grande successo dell'opera donizettiana, soprattutto per la felice scelta del soggetto e l'abile disposizione drammaturgica.

La tragica vicenda di Anna Bolena (Anne Boleyn), la seconda moglie di Enrico VIII d'Inghilterra, ripudiata e giustiziata per adulterio, ma molto probabilmente innocente e vittima della ragion di stato, era un soggetto quanto mai adatto alla sensibilità del compositore bergamasco che nella vicenda della regina ingiustamente condannata a morte sentiva l'occasione per un'opera intensamente patetica; a condizione che ci fosse un adeguato personaggio maschile, in cui l'eroina si sarebbe potuta specchiare. L'abilità di Romani fu anche in questa scelta: di mettere accanto ad Anna il personaggio di Riccardo Percy (nella realtà storica Henry Percy, conte di Northumberland), un innamorato degli anni giovanili, respinto per l'ambizione di farsi regina, ma poi ritrovato nel momento in cui la forzata rinuncia alla vita li unisce nuovamente in un romantico anelito verso un al di là che sarà la liberazione definitiva dalle sofferenze terrene. Non solo; è merito di Romani l'aver dato a Giovanna Seymour (Jane Seymour), la rivale di Anna, una colorazione di tenera mestizia, di trepida partecipazione al dolore della regina, pur nell'incapacità di rinunciare al privilegio dell'amore di Enrico; e infine di aver dato spazio al personaggio di Smeton (Mark Smeaton), il paggio e musico della regina che involontariamente darà a Enrico il motivo per denunciare l'adulterio della moglie.

Nel disporre la materia drammaturgica, Romani si avvalse in modo particolare della tragedia *Anna Bolena* del conte Alessandro Pepoli, pubblicata a Venezia nel 1788, che dà ampio spazio al personaggio di Percy ma mette in forte rilievo l'ambizione di Giovanna e ignora il musico; utilizzò però anche la tragedia *Enrico VIII, ossia Anna Bolena*, che Ippolito Pindemonte pubblicò nel 1816 (in realtà si trattava della traduzione dell'*Henri VIII* di Marie-Joseph Chénier del 1791), che vede tuttavia in primo piano il re e la sua spietata volontà di disfarsi di Anna.

Secondo il contratto firmato da Donizetti, il libretto avrebbe dovuto essere consegnato alla fine di settembre, ma il musicista poté disporne soltanto il 10 novembre ("Quel Romani che tutto promette, nulla mantiene", aveva scritto Donizetti al tempo di *Alina regina di Golconda*); in quella data, secondo una tradizione che non è stato possibile verificare, si trasferì a Blevio, sul lago di Como, nella villa di Giuditta Pasta, e lì, accanto alla futura interprete prodiga di consigli, nel corso di un mese avrebbe composto l'opera. In ogni caso, le prove cominciarono il 10 dicembre, e l'opera andò in scena la sera del 26.

In una lettera alla moglie Virginia, Donizetti parla di un'accoglienza trionfale; ma non si conosce l'autografo di questa lettera, ed è anche possibile dubitare della sua autenticità, poiché dai resoconti della stampa risulta che il successo fu certamente buono, ma non proprio caloroso. Venne apprezzato in generale il secondo atto, molto meno il primo; ci furono grandi lodi per Rubini, ma qualche riserva per la Pasta; si ammirò la buona prova dell'Orlandi, ma si lamentò che a Galli fosse stata destinata una parte poco adatta ai suoi grandi mezzi. Poi, nel corso delle repliche, il successo aumentò, e alla fine di gennaio, dopo una indisposizione che lo aveva tenuto lontano dal teatro, il ritorno in scena di Rubini coincise con alcune modifiche che Donizetti apportò alla partitura, in particolare un nuovo duetto fra soprano e tenore nel primo atto. Solo in questa ultima fase l'opera conquistò il pubblico milanese e passò rapidamente nei maggiori teatri italiani, mentre fu la prima opera donizettiana ad essere ascoltata a Londra (l'8 luglio 1831) e a Parigi (il primo settembre 1831), sempre eseguita dalla Pasta e dal Rubini, con Luigi Lablache nel ruolo di Enrico VIII.

Anna Bolena

Tragedia lirica in due atti

libretto di
Felice Romani

musica di
Gaetano Donizetti

Personaggi[1]

Enrico VIII, re d'Inghilterra	[basso]
Anna Bolena, sua moglie	[soprano]
Giovanna Seymour, damigella di Anna	[mezzosoprano]
Lord Rochefort, fratello di Anna	[basso]
Lord Riccardo Percy[2]	[tenore]
Smeton, paggio e musico della regina	[contralto]
Sir Hervey, uffiziale del Re	[tenore]

Cori e Comparse:
Cortigiani – Uffiziali – Lordi.
Cacciatori – Soldati.[3]

L'azione è in Inghilterra:
il primo atto a Windsor, il secondo a Londra.
L'epoca è del 1536.

1. Per notizie sui personaggi storici, vedi Appendice I, pag. 108.
2. In **L** è sempre scritto "Ricardo", ma in **P** si legge invece Riccardo; di conseguenza è stata adottata la grafia "Riccardo".
3. **L** trascura di nominare le Damigelle, che pure sono presenti.

Avvertimento

Enrico VIII, re d'Inghilterra, preso d'amore per Anna Bolena, ripudiò Caterina d'Aragona, sua prima moglie, e quella sposò; ma bentosto di lei disgustato, e invaghito di Giovanna Seymour, cercò ragioni di sciogliere il secondo suo nodo. Anna fu accusata di aver tradita la fede coniugale, e complici suoi furono dichiarati il Conte di Rochefort, suo fratello, Smeton, musico di corte, ed altri Gentiluomini del Re. Il solo Smeton confessossi colpevole; e su questa confessione Anna fu condannata al supplizio con tutti gli accusati. È incerto ancora s'ella fosse rea. L'animo dissimulatore e crudele di Enrico VIII fa piuttosto credere ch'ella era innocente. L'autore del Melodramma si è appigliato a cotesta credenza, come più acconcia ad un lavoro da rappresentarsi in Teatro: per questo riflesso gli sia perdonato se in alcuna parte si discostò dall'Istoria.
Qual siasi l'orditura dell'azione ei non dice: sarà essa facilmente rilevata dal Lettore.

Felice Romani

Il riassunto del libretto

Atto primo. Negli appartamenti della regina nel castello di Windsor i cortigiani sono preoccupati perché si rendono conto che il re Enrico, attratto da altro amore, si tiene lontano dalla regina Anna, che ne soffre. Giovanna Seymour, presa d'amore per il re, vorrebbe non sentire rimorso nei confronti di Anna, che sopraggiunge afflitta e inquieta, e per tranquillizzarsi chiede al paggio Smeton di cantare. Egli intona una dolente romanza, che rende ancor più triste l'animo della regina, la quale invita tutti al riposo, poiché ormai la notte è molto avanzata e il re non si fa vedere. Escono tutti, ma poco dopo rientra Giovanna, turbata perché teme che Anna possa accorgersi del suo amore per Enrico, il quale giunge da una porta segreta. Nel corso del colloquio fra i due, il re ribadisce il suo amore, ma Giovanna non si accontenta di questo, vuole anche la fama, vuole il trono, certa in questo modo che il re dovrà allontanarsi da lei. Enrico però non rinuncia all'amore, e anzi dichiara che Anna si è resa colpevole di una gravissima colpa, e che il matrimonio con lei sarà presto sciolto; Giovanna, pur sconvolta dal rimorso, non sa rinunciare alla speranza.

È giorno, e nel parco del castello di Windsor s'incontrano Rochefort, fratello di Anna, e Riccardo Percy, che torna in Inghilterra dopo anni di esilio. Egli è stato richiamato da Enrico, e vuole subito avere notizie di Anna, di cui è ancora innamorato, e nei cui confronti nutre ora qualche speranza, poiché ha saputo che il re non la ama più. Rochefort lo invita alla prudenza, mentre si odono i rumori della caccia che segnalano l'arrivo del re e dei cortigiani, fra i quali è presente anche Anna. Enrico è stupito di vedere Anna, e subito dopo scorge Percy, il quale ringrazia il re per avergli permesso di tornare in patria; ma Enrico si schermisce, affermando che non lui è stato l'artefice del perdono, bensì Anna, la quale confusa riceve il baciamano di Percy.

Smeton entra furtivo nelle stanze di Anna, e osserva con amorosa voluttà un ritratto di lei che tiene nascosto in seno; sentendo rumore, si nasconde dietro una tenda. Entrano Anna e suo fratello Rochefort, che cerca di convincerla a ricevere, almeno per un momento, l'innamorato Percy; alla fine Anna cede, Rochefort si allontana a vigilare, ed entra Percy. Lui la vede infelice, e questo non fa che aumentare la sua passione, alla quale Anna cerca in ogni modo di sottrarsi, e anzi lo invita imperiosamente a lasciare l'Inghilterra. Ma Percy è troppo innamorato per ubbidire e minaccia di uccidersi, snudando la spada. Anna lancia un grido, Smeton accorre a fermare Percy, e in questo stesso momento rientra spaventato Rochefort, ad annunciare che sta per giungere il re accompagnato da Hervey, l'ufficiale delle guardie, dai cortigiani e da Giovanna. Egli accusa Anna di tradimento, ma Smeton si fa avanti a difendere la regina, e nell'avvicinarsi al re gli cade il ritratto di lei. Per Enrico è una conferma del tradimento, e ordina a Hervey di arrestare Percy, Rochefort, Smeton e anche Anna: tutti devono essere condotti in separato carcere.

Atto secondo. In una stanza attigua a quella dove è custodita Anna, le sue damigelle ne lamentano il triste destino, e si apprestano ad accoglierla amorevolmente; lei, pallida e afflitta, le ringrazia, ma sopraggiunge Hervey che, per ordine del re, fa allontanare le damigelle e lascia sola la prigioniera. Entra Giovanna che, spinta dal desiderio di attenuare il proprio rimorso, conforta Anna e la invita a riconoscersi colpevole di tradimento: è l'unico modo, questo, per sfuggire alla morte. Anna si ribella a questo ignobile invito, ma Giovanna insiste: il re stesso lo consiglia, e lo consiglia anche la sciagurata che è subentrata nel cuore di Enrico. Anna, colpita, vuol conoscere il nome della fortunata rivale; quando comprende che si tratta di Giovanna, ha un moto improvviso di repulsione; poi però s'intenerisce e la perdona, convinta che il colpevole sia Enrico, che ne ha sedotto il debole cuore inesperto.

Nel vestibolo adiacente la sala ove è riunito il Consiglio che deve giudicare i colpevoli di tradimento, i cortigiani aspettano ansiosi. Entra Hervey, e li informa che Smeton ha parlato, svelando l'orribile colpa della regina, poi li invita ad allontanarsi. Dalla sala del Consiglio esce Enrico, soddisfatto che Smeton abbia parlato convinto di poter salvare la vita della regina, e sta per allontanarsi; ma sopraggiungono, in mezzo alle guardie, da una parte Percy, dall'altra Anna, che ferma il marito. Essa chiede a Enrico di essere uccisa da lui, piuttosto che affrontare l'onta di un tribunale, ma egli, malgrado l'intervento appassionato di Percy, è irremovibile e si fa forte della denuncia di Smeton. Allora Anna afferma con forza che è lui, Enrico, il traditore, per aver estorto da Smeton la confessione di un reato che non è stato commesso, si pente di aver preferito lui, il re, al nobile e disinteressato amore di Percy, e anzi si dichiara sposa di lui, in forza dell'antica promessa amorosa che vi era stata fra loro; Percy esulta per questa appassionata dichiarazione, mentre il re ribadisce la condanna a morte per entrambi. Anna e Percy vengono allontanati, e il re fremente accoglie Giovanna, a cui conferma che sarà regina. Lei vorrebbe salvare Anna, ma il re è più che mai deciso a farla morire. Si aprono le porte della sala, e ne esce Hervey con la sentenza: sono stati tutti condannati a morte, e soltanto dal re potrebbero ormai ottenere clemenza.

Nella prigione della Torre di Londra s'incontrano, scortati dalle guardie, Percy e Rochefort, e a loro si presenta Hervey, ad annunciare che il re concede loro la grazia; Anna, invece, dovrà morire. Percy per primo, e poi anche Rochefort rifiutano la grazia, e dopo un rapido addio vengono portati via dalle guardie. Ora, dalla prigione, escono le damigelle che sono state accanto ad Anna, e ne descrivono il delirio: ora sta muta e immobile, ora sorride e cammina, ed è impossibile guardarla senza frenare il pianto. Anna entra lentamente, trasandata e pensierosa, e si abbandona a deliranti visioni: le nozze con il re, l'abbandono di Percy, poi il suo perdono, il suo sorriso, e l'immagine del castello natio, dove vivere con lui lunghi giorni felici. Ma si ode un suono di tamburi, entrano Hervey e le guardie, e dalle prigioni Percy, Rochefort e Smeton. Quest'ultimo si prostra ai piedi di Anna, chiedendole perdono, ma lei non comprende, e anzi l'invita a suonare la sua arpa, e ne sente il suono sommesso, come un'ultima preghiera di speranza. Si odono in distanza le voci di giubilo che acclamano Giovanna regina; Anna allora si scuote, comprende, e con un'ultima parola di perdono sviene, mentre le guardie trascinano via i prigionieri.

Atto primo

[*Sinfonia*]

Scena prima

Sala nel Castello di Windsor negli appartamenti della Regina.
Il luogo è illuminato.

Vanno e vengono da ogni parte numerose persone; chi passeggiando discorre; chi si trattiene sedendo, ecc., ecc..

[*Introduzione*]

Coro di Cavalieri (*sempre sotto voce*)

I.

Né venne il Re?

II.

Silenzio.
Ancor non venne.

I.

Ed ella?

II.

Ne geme in cor, ma simula.

I.

Tramonta omai sua stella.

Tutti

D'Enrico il cor volubile
Arde d'un altro amor.

I.

Tutto lo dice.[4]

II.

Il torbido
Aspetto del sovrano…[5]

I.

Il parlar tronco…

II.

Il subito
Irne da lei lontano…

Tutti

Un acquetarsi insolito
Del suo geloso umor.

Insieme

Oh! come ratto il folgor
Sul capo suo discese!
Come giustizia vendica
L'espulsa Aragonese![6]
Fors'è serbata, ahi misera!
Ad onta e duol maggior.

4. P: da qui, e fino al verso "l'espulsa aragonese", viene indicato un taglio, che risulta anche nelle varie edizioni dello spartito; taglio non effettuato dall'autore, ma probabilmente da lui approvato.

5. Il coro d'introduzione introduce subito il tema del disamore reale per Anna, e troviamo qualcosa di analogo in **AP**, che inizia con un dialogo fra Norris, ministro del re, ed Enrico "pensieroso"; la prima battuta pronunciata da Norris è: "Torbido ognor, chiuso in te stesso, o Sire, / io ti vedrò?" (I, 1).

6. Si tratta di Caterina d'Aragona, vedova di Arturo, fratello maggiore di Enrico VIII, e sua prima moglie. Vedi Appendice I, pag. 108.

Scena seconda

Giovanna,[7] *e detti.*

[*Sortita*]

Giovanna

Ella di me, sollecita
Più dell'usato, ha chiesto.
Ella… perché?… qual palpito!
Qual dubbio in me si è desto!
Innanzi alla mia vittima
Perde ogni ardire il cor.
Sorda al rimorso rendimi,
O in me ti estingui, amor.[8]

Scena terza

Anna comparisce dal fondo seguitata dalle sue Dame, da Paggi, e da Scudieri. Tutti le dan luogo, e rispettosamente le fanno corona. Smeton è nel corteggio. Silenzio.

[*Scena e Romanza*]

Anna

Sì taciturna e mesta
Mai non vidi assemblea…

7. In **L**, nell'indicazione dei personaggi presenti nelle singole scene, è sempre Giovanna Seymour; in testa alle battute, sia in **L** che in **P**, è sempre Giovanna, e nelle didascalie è Seymour. Abbiamo unificato in Giovanna. Ella è presente in tutte le fonti, ma in **IP** ha un ruolo molto lontano da quello che ha nel libretto. Nell'introduzione alla tragedia, lo stesso Pepoli afferma che, avendo disegnato Anna innocente, "ho procurato di darle un contrasto nel carattere dell'artifiziosa e seducente Seymour": una donna ambiziosa, che vuole a tutti i costi il trono, e non rifugge da alcuna empietà pur di togliere di mezzo la Bolena.
8. **P**: "O in sen t'estingui amor".

(*a Giovanna*)

Tu stessa un tempo
Lieta cotanto, richiamar non sai
Sul tuo labbro un sorriso!

Giovanna

E chi potria
Seren mostrarsi quando afflitta ei vede[9]
La sua Regina?

Anna

Afflitta, è ver, son io…
Né so perché… Smania inquieta, ignota,
A me la pace da più giorni invola.

Smeton

(Misera!)

Giovanna

(Io tremo ad ogni sua parola.)

Anna

Smeton dov'è?

Smeton

Regina!

Anna

A me t'appressa. Non vuoi tu per poco
De' tuoi concenti rallegrar mia Corte,
Finché sia giunto il Re?[10]

9. P: "quando afflitta vede".

10. P: "Finché non giunga il re?". Nell'*Henry VIII* di Shakespeare, Caterina dice a una sua ancella: "Prendi il liuto, ragazza; la mia anima è rattristata da dolorosi pensieri; canta e disperdili, se puoi" (III, 1); ma quasi certamente Romani non aveva letto Shakespeare.

Giovanna

(Mio cor, respira.)

Anna

Loco, o Ledi,[11] prendete.

Smeton

(Oh amor,[12] m'inspira.)

(*siedono tutte. I Cortigiani son collocati qua e là a vari gruppi. Un'arpa è recata a Smeton. Egli preludia un momento, indi canta la seguente Romanza*)[13]

Deh! non voler costringere
A finta gioia il viso:
Bella è la tua mestizia
Siccome il tuo sorriso.
Cinta di nubi ancora
Bella è così l'Aurora,
La Luna malinconica
Bella è nel suo pallor.

(*Anna diviene più pensosa. Smeton prosegue con voce più animata ecc.*)

Chi pensierosa e tacita
Starti così ti mira,
Ti crede ingenua Vergine
Che il primo amor sospira:
Ed oblïato il serto
Ond'è il tuo crin coperto,
Teco sospira, e sembragli
Esser quel primo amor.[14]

11. "Ledi", italianizzazione di *Lady* (ma dovrebbe essere "Ledis", dal plurale *Ladies*).
12. P: "Oh" non è musicato.
13. P didascalia: "Anna siede circondata dalle Dame, Giovanna è in piedi al fianco".
14. P: terminata la seconda strofa, Smeton inizia la terza: "Quel primo amor che...", ma Anna lo interrompe.

Anna (*sorge commossa*)

Cessa… deh! cessa…

Smeton

Regina!… oh ciel!…[15]

Coro

(Ella è turbata, oppressa.)

Anna

(Come, innocente giovane,
Come m'hai scosso il core!
Son calde ancor le ceneri
Del mio primiero amore!
Ah! non avessi il petto
Aperto ad altro affetto
Io non sarei sì misera,
Nel vano mio splendor.)
(*agli astanti*)[16]
Ma poche omai rimangono
Ore di notte, io credo.

Giovanna

L'alba è vicina a sorgere…

Anna

Signori, io vi congedo.
È vana speme attendere,
Che omai più giunga il Re.
Andiam, Seymour.
(*si appoggia a lei*)

15. P: "Regina!" è cantato da Giovanna, "Oh Ciel!" da Smeton.
16. P didascalia: "scuotendosi".

Giovanna

Che v'agita?

Anna

Legger potessi in me!

[*Cavatina*]

Non v'ha sguardo a cui sia dato[17]
Penetrar nel mesto core:
Mi condanna il crudo fato
Non intesa a sospirar.[18]
Ah! se mai di regio soglio
Ti seduce lo splendore,[19]
Ti rammenta il mio cordoglio,
Non lasciarti lusingar.

Giovanna[20]

(Alzar gli occhi in lei non oso,
Non ardisco favellar.)

Coro

(Qualche istante di riposo
Possa il sonno a lei recar.)

(*Anna parte accompagnata da Seymour e dalle ancelle. L'adunanza si scioglie a poco a poco. La scena si sgombra, e non rimane dei lumi che una gran lampada, la quale rischiara la sala*)[21]

17. P: "Non v'ha sguardo cui sia dato".
18. P: "Solitaria a sospirar".
19. P: "Ti sedusse lo splendore".
20. P: canta anche Smeton.
21. P didascalia: "... rischiara la Galleria".

Scena quarta

<u>Giovanna</u> *ritorna dagli appartamenti della regina. Essa è agitata.*

[*Scena e Duetto*]

Giovanna
Oh! qual parlar fu il suo!
Come il cor mi colpì! – Tradita forse,
Scoperta io mi sarei? Sul mio sembiante
Avria letto il misfatto? – Ah no; mi strinse
Teneramente al petto;
Riposa ignara che il serpente ha stretto.
Potessi almen ritrarre
Da questo abisso il piede; e far che il tempo
Corso non fosse. – Ahi! la mia sorte è fissa,
Fissa nel Cielo come il dì supremo.[22]
(*è battuto ad una porta segreta*)
Ecco, ecco il Re!...
(*va ad aprire*)

Scena quinta

<u>Enrico</u>, *e detta.*

Enrico
Tremate voi?...

Giovanna[23]
Sì, tremo.

22. **P**: "come il dì tremendo".
23. **P** didascalia: "confusa".

Enrico
Che fa colei?

Giovanna
Riposa.

Enrico
Non io.

Giovanna
Riposo io forse? – Ultimo sia
Questo colloquio nostro… ultimo, o Sire;
Ve ne scongiuro…[24]

Enrico
E tal sarà. Vederci
Alla faccia del sole omai dobbiamo:
La terra e il cielo han da saper ch'io v'amo.

Giovanna
Giammai, giammai… Sotterra
Vorrei celar la mia vergogna.[25]

Enrico
È gloria
L'amor d'Enrico… Ed era tal per Anna
Agli occhi pur dell'Inghilterra intera.

Giovanna
Dopo l'imene ei l'era…
Dopo l'imene solo.

24. AP: "Sire, perdona; io parto" (IV, 8), ma la minaccia è fatta allo scopo di provocare maggiormente la passione del re.
25. IP: "Ah no, giammai / non fia, ch'io stringa sì funesti nodi" (IV, 4).

Enrico

E in questa guisa

M'ama Seymour?

Giovanna

E il Re così pur m'ama?

Enrico

Ingrata, e che bramate?

Giovanna

Amore,[26] e fama.

Enrico

Fama! Sì: l'avrete, e tale
Che nel mondo egual non fia:
Tutta in voi la luce mia,
Solo in voi si spanderà.
Non avrà Seymour rivale,
Come il sol rival non ha.

Giovanna

La mia fama è a' piè dell'ara:
Onta altrove è a me serbata:
E quell'ara è a me vietata,
Lo sa il Cielo, il Re lo sa.
Ah! s'è ver[27] che al Re son cara,
L'onor mio pur caro avrà.

Enrico (*risentito*)

Sì... v'intendo.

Giovanna

Oh Cielo! e tanto
È in voi sdegno?

26. P: sembra di leggere "Onore".
27. P: "E s'è ver".

Enrico

È sdegno e duolo.

Giovanna

Sire!...

Enrico

Amate il Re soltanto.

Giovanna

Io!...

Enrico

Vi preme il trono solo.
Anna pure amor m'offrìa,
Vagheggiando il soglio inglese...
Ella pure il serto ambìa
Dell'altera Aragonese...
L'ebbe alfin, ma l'ebbe appena,
Che sul crin le vacillò.
Per suo danno, per sua pena,
D'altra donna il cor tentò.

Giovanna

Ah! non io, non io v'offrìa
Questo cor a torto offeso...
Il mio Re me lo rapìa;
Dal mio Re mi venga reso.
Più infelice di Bolena,
Più da piangere sarò.
Di un ripudio avrò la pena,
Né un marito offeso avrò.

(*Giovanna s'allontana piangendo*)

Enrico

Tu mi lasci?

Giovanna

Il deggio.

Enrico

Arresta.

Giovanna

Io nol posso.

Enrico

Arresta:[28] il voglio.
Già l'altar per te si appresta:
Avrai sposo e scettro e soglio.

Giovanna

Cielo!... ed Anna?

Enrico

Io l'odio...

Giovanna

Ah! Sire...

Enrico

Giunto è il giorno di punire.

Giovanna

Ah! qual colpa?

Enrico

La più nera.
Diemmi un cor che suo non era...
M'ingannò pria d'esser moglie;
Moglie ancora m'ingannò.[29]

28. **P**: "Ascolta".
29. In **AP** dice Enrico parlando con Noris: "Le antiche fiamme / del suo cor ti son note, e non fu sempre / la sua delizia Enrico. Il mio rimorso, / il nuovo ardore, il fiero mio sospetto, / tutto contro Bolena oggi mi parla" (I, 1).

Giovanna
E i suoi nodi?

Enrico
Il Re li scioglie.

Giovanna
Con qual mezzo?

Enrico
Io sol lo so.

Giovanna
Ah! qual sia cercar non oso…[30]
Nol consente il core oppresso…
Ma sperar mi sia concesso
Che non fia di crudeltà.[31]
Non mi costi un regio sposo
Più rimorsi, per pietà!

Enrico
Rassicura il cor dubbioso,[32]
Nel tuo Re la mente acqueta…
Ch'ei ti vegga omai più lieta
Dell'amor che sua ti fa.
La tua pace, il tuo riposo
Pieno io voglio, e tal sarà.[33]

(*Enrico parte dalla porta segreta; Giovanna s'inoltra negli appartamenti*)

30. P: "non l'oso".
31. P: qui interviene Enrico: "T'acqueta".
32. P: "Rassicura il cor turbato".
33. P: gli ultimi due versi di Enrico, musicati in una prima versione della cabaletta, sono stati poi eliminati dall'autore.

Scena sesta

Parco nel Castello di Windsor.
È giorno.

Percy e Rochefort da varie parti.

[*Recitativo e Cavatina*]

Rochefort (*incontrandosi*)[34]
Chi veggo?…[35] In Inghilterra
Tu, mio Percy?
(*si abbracciano*)

Percy
Mi vi richiama, amico,
D'Enrico un cenno… E al suo passaggio offrirmi,
Quando alla caccia ei mova, è mio consiglio.
Dopo sì lungo esiglio
Respirar l'aura antica e il ciel natio,[36]
Ad ogni core è dolce, amaro al mio.[37]

Rochefort
Caro Percy! mutato
Il duol non t'ha così, che a ravvisarti
Pronto io non fossi.[38]

34. L'incontro fra Percy e Rochefort è esemplato su **AP**: "**Percy**: Amico, / mi riconosci? - **Rocester** (*guardandolo attentamente*): Io già non erro. – **Percy**: E tanto /obbliar mi potesti? – **Rocester** (*riconoscendolo*): Ah! chi mai vedo? / Giusto cielo!… Percy? (*abbracciandolo*) – **Percy**: Ti stringe al seno. – **Rocester**: Da quel d'un dì quanto cangiato… – **Percy**: Il volto, / ma non il cor" (II, 2).
35. P: "Che veggio?".
36. P: "Dopo sì lungo esilio / respirar l'aure antiche, e il ciel natio".
37. P: "e amaro al mio".
38. P: "Pronto non fossi".

Percy

Non è duolo il mio[39]
Che in fronte appaia: raunato[40] è tutto
Nel cor profondo. – Io non ardisco, o amico,[41]
Della tua suora avventurar inchiesta...

Rochefort

Ella è Regina... Ogni sua gioia è questa.

Percy

E il ver[42] parlò la fama?...
Ella è infelice?... Il Re mutato?...

Rochefort

E dura
Un cor contento mai?[43]

Percy

Ben dici... ei vive
Privo di speme come vive il mio.

Rochefort

Sommesso parla.

Percy[44]

E che temer degg'io?
Da quel dì che, lei perduta,
Disperato in bando andai,
Da quel dì che il mar passai,
La mia morte cominciò.

39. P: "Non è duolo, amico".
40. P: "radunato".
41. P: "Io non ardisco, amico".
42. P: "Il ver".
43. P: "E dura / amor contento mai?". Sul libretto si legge "E dura / ancor contento mai?", ma si tratta di un refuso, corretto nelle successive edizioni del libretto.
44. P didascalia: "forte".

Ogni luce a me fu muta,
Dai viventi mi divisi:[45]
Ogni terra ov'io m'assisi
La mia tomba mi sembrò.

Rochefort
E venisti a far peggiore
Il tuo stato a lei vicino?

Percy
Senza mente, senza core,
Cieco io seguo il mio destino.
Pur talvolta, in duol sì fiero,
Mi sorride nel pensiero
La certezza che fortuna
I miei mali vendicò.
(*odonsi suoni di caccia*)

Rochefort
Già la caccia si raduna…
Taci: alcuno udir ti può.

Scena settima

Escono da varie parti drappelli di cacciatori: tutto è movimento in fondo alla scena: accorrono Paggi, Scudieri, e genti armate di picche, ecc., ecc..

Coro
Olà! veloci accorrano
I paggi, gli scudieri…[46]

45. P: "Da' viventi io mi divisi".
46. P: "I paggi e li scudieri".

I veltri si dispongano...[47]
S'insellino i destrieri...
Più che giammai sollecito
Esce stamane il Re.

Percy

Ed Anna anch'ella!...

Rochefort

Acquetati.
Forse con lui non è.[48]

Percy

Ah! così ne' dì ridenti
Del primier felice amore,
Palpitar sentiva il core
Nel doverla riveder.
Di que' dolci e bei momenti,
Ciel pietoso, un sol mi rendi;
Poi la vita a me riprendi,[49]
Perch'io mora di piacer.[50]

Coro[51]

Si appressa il Re: schieratevi...
Al Re si renda onor.

47. P: "Le mute si dispongano".
48. P: questo verso non è musicato; Rochefort canta due volte "Riccardo".
49. P: "Poi la vita mi riprendi".
50. P: prima della ripetizione della cavatina, Rochefort canta: "Taci, alcuno udir ti può; vieni, o Riccardo!", e Percy: "Anna! ella stessa?".
51. P: questo intervento del Coro è eliminato.

Scena ottava

Tutti gli astanti si dispongono in due file. Rochefort trae seco in disparte Percy. Entra Enrico, e passa in mezzo alle file. In questo mentre gli si presenta Anna in mezzo alle sue Damigelle. Percy a poco a poco si colloca in modo da esser veduto da Enrico. Hervey, e Guardie.

[*Scena e Quintetto*]

Enrico
Desta sì tosto, e tolta
Oggi al riposo?

Anna
In me potea più forte
Che il desìo del riposo
Quel di vedervi. Omai più dì son corsi
Ch'io non godea del mio Signor l'aspetto.

Enrico
Molte mi stanno in petto
E gravi cure… Pur mia mente ognora
A voi fu volta: né un momento solo
Da voi ritrassi il mio vegliante sguardo. –
Voi qua, Percy!

Anna
(Ciel! chi vegg'io… Riccardo!)

Enrico
Appressatevi.

Percy
(Io tremo.)

Enrico
Pronto ben foste…

Percy

Un solo istante, o Sire,
Che indugiato io mi fossi[52] a far palese
Il grato animo mio, sarìa sembrato
Errore ad altri, a me sembrò delitto.
La man che me proscritto
Alla patria ridona e al tetto antico,
Devoto io bacio…

Enrico

Non la man d'Enrico.[53]
Dell'innocenza vostra,
Già da gran tempo securtà mi diede
Chi, nudrito con voi, con voi cresciuto,
Conosce della vostra alma il candore.
Anna alfin…

Percy

Anna!…

Anna

(Non tradirmi, o core!)

Percy

Voi, Regina!… E fia pur vero
Che di me pensier vi prese?

Anna

Innocente… il regno intero
Vi credette… e vi difese…[54]

52. **P**: "Che indugiato mi fossi".
53. **P** didascalia: "ritirandola".
54. **P**: "Vi credette, vi difese".

Enrico[55]

E innocente io vi credei,
Perché tal[56] sembraste a lei…
Tutto il regno, a me il credete,
V'era invan mallevador.[57]

Percy

Ah, Regina!

(*si prostra a' suoi piedi e le bacia la mano*)

Anna

Oh Dio! Sorgete.

Rochefort

(Ei si perde!)

Enrico (*con la massima indifferenza*)

Hervey.[58]

Hervey

Signor.

(*Percy si appressa a Rochefort. Enrico si trattiene dal lato opposto con Hervey. Anna è nel mezzo, sforzandosi di celare il suo turbamento*)

Anna

(Io sentii sulla mia mano
La sua lagrima corrente…
Della fiamma più cocente
Si diffonde sul mio cor.)

55. P didascalia: "ironico".
56. P: "Perché tale". In questo modo il verso da ottonario diventa novenario, e lo stesso accade con il verso precedente, perché in esso viene evitata la prevista elisione fra "innocente" ed "io". In questo modo Donizetti mette in luce, con un'adeguata fermata su una nota acuta, sia "innocente" che "tale", mettendo in grado il cantante di realizzare quel tono "ironico" previsto dalla didascalia.
57. Chiunque avesse perorato l'innocenza di Percy, a eccezione di Anna, non sarebbe stato creduto dal re.
58. P didascalia: "lo chiama a sé".

Percy (*a Rochefort*)
(Ah! pensava a me lontano,
Me ramingo non soffrìa;[59]
Ogni affanno il core obblìa,
Io rinasco, io spero ancor.)

Rochefort (*a Percy*)
(Ah! che fai! ti frena, insano,
Ogni sguardo è in te rivolto;
Hai palese, hai scritto in volto[60]
Lo scompiglio del tuo cor.)

Enrico (*ad Hervey*)
(A te spetta il far che vano
Non riesca il grande intento;
D'ogni passo, d'ogni accento
Sii costante esplorator.)

Hervey (*ad Enrico*)
(Non indarno il mio Sovrano
In me fida il suo disegno;
Io sarò, mia fé ne impegno,
De' suoi cenni esecutor.)

Coro
(Che mai fia? sì mite e umano
Oggi il Re, sì lieto in viso?
Mentitore è il suo sorriso,
È foriero del furor.)

59. Non accettava l'idea che Percy fosse in esilio.
60. **P**: "Hai palese, scritto in volto".

Enrico (*a Percy colla massima bontà*)
Or che reso ai patrii lidi,
E assoluto[61] appien voi siete,
In mia Corte, fra i più fidi,
Spero ben che rimarrete.

Percy
Mesto, o Sire, per natura,
Destinato a vita oscura…
Mal saprei…

Enrico (*interrompendolo*)
No, no, lo bramo.
Rochefort, lo affido a te.
Per la caccia omai partiamo…
(*con disinvoltura*)
Anna, addio.

Anna (*s'inchina*)
(Son fuor di me.)
(*i corni danno il segnale della caccia. Tutti si movono, e si formano in varie schiere*)

Tutti

Questo dì per noi/voi spuntato
Con sì lieti e fausti auspici,
Dai successi più felici[62]
Coronato splenderà.

61. Assolto.
62. P: "Dai successi i più felici".

Percy, Anna

(Ah! per me non sia turbato
Quando in ciel tramonterà.)

Enrico

(Altra preda amico fato
Ne' miei lacci guiderà.)

(Anna parte colle Damigelle. Enrico con tutto il seguito dei Cacciatori. Rochefort trae seco Percy da un'altra parte)

Scena nona

Gabinetto nel Castello che mette all'interno delle stanze di Anna.

Smeton *solo.*[63]

[*Scena e Cavatina*]

Smeton
È sgombro il loco… Ai loro uffici intente
Stansi altrove le ancelle… e dove alcuna
Me qui vedesse, ella pur sa che in quelle[64]
Più recondite stanze, anco talvolta
Ai privati concenti Anna m'invita.[65]
(*si cava dal seno un ritratto*)
Questa da me rapita
Cara immagine sua, ripor degg'io
Pria che si scopra l'ardimento mio.
Un bacio ancora, un bacio,
Adorate sembianze… Addio, beltade
Che sul mio cor posavi,
E col mio core palpitar sembravi.
Ah! parea che per incanto
Rispondessi al mio soffrir;
Che ogni stilla del mio pianto
Risvegliasse un tuo sospir.
A tal vista il core audace,
Pien di speme e di desir,

63. P didascalia aggiunge: "entra guardingo".
64. P: "in queste".
65. Matteo Bandello, in una novella in cui racconta dei molti amori che attribuisce ad Anna, cita Marco che "aveva imparato a cantare e sonava di varii stromenti di musica, e per questo era amato dal re, e assai sovente, quando era in letto con la reina, lo faceva entrar in camera e, se ben non v'era, lasciava che Marco, essendo la reina in camera, innanzi a lei cantasse e sonasse" (Novella LXII, parte III).

Ti scoprìa l'ardor vorace
Che non oso a lei scoprir.[66]
(*va per entrare nell'appartamento*)
Odo romor...[67] Si appressa
A queste stanze alcun... troppo indugiai...
(*si cela dietro una cortina*)

Scena decima

Anna e Rochefort.

[*Finale I*]

Anna[68]
Cessa... tropp'oltre vai...
Troppo insisti, o fratello...

Rochefort
Un sol momento
Ti piaccia udirlo: alcun periglio, il credi,
Correr non puoi... bensì lo corri, e grave,
Se fai col tuo rigore
Che il duol soverchi ogni ragione in lui.

Anna
Lassa! e cagion del suo ritorno io fui!
Ebben... mel guida, e veglia
Attento sì che a noi non giunga alcuno[69]
Che a me fedel non sia.

66. **P**: "altrui scoprir", poi corretto.
67. **P**: "Odo rumor".
68. Tutto il dialogo fra Anna e Rochefort, e poi fra Anna e Percy, è esemplato su **AP** (III, 6-10).
69. **P**: "Attento sì, che a noi giunga alcuno".

Rochefort
Riposa in me.
(*parte*)

Scena undicesima

Anna, e Smeton nascosto.

Smeton (*affacciandosi guardingo*)
(Né uscir poss'io?… Che fia?)[70]

Anna
Debole io fui… dovea
Ferma negar… non mai vederlo… Ahi! vano
Di mia ragion consiglio;
Non ne ascolta la voce il cor codardo.

Scena dodicesima

Percy ed Anna.

Anna
Eccolo!… io tremo!… io gelo!…

Percy
Anna!…

Anna
Riccardo![71]

70. **P**: "Che fia?" non è musicato.
71. Nel corso delle repliche al Teatro Carcano, Donizetti apportò alcune modifiche all'opera, e in particolare mutò il Finale I, introducendo un nuovo Duetto. Per il testo, vedi Appendice II, pag. 111.

Sien brevi i detti nostri,
Cauti, sommessi. – A rinfacciarmi forse
Vieni la fé tradita? Ammenda, il vedi,
Ampia ammenda ne feci: ambizïosa,
Un serto io volli, e un serto ebb'io di spine.

Percy
Io ti veggo infelice, e l'ira ha fine.
La fronte mia solcata
Vedi dal duolo: io tel perdono; io sento[72]
Che, a te vicino, de' passati affanni[73]
Potrei scordarmi, come, giunto a riva,
Il naufrago nocchiero i flutti oblbìa.
Ogni tempesta mia
In te s'acqueta, vien[74] da te mia luce…

Anna
Misero! e quale speme or ti seduce?
Non sai che moglie io sono?…
Che son regina?…

Percy
Oh! non lo dir. Nol debbo,
Nol so[75] saper. Anna per me tu sei,
Anna soltanto. Ed io non son l'istesso
Riccardo tuo?… quel che t'amò cotanto…
Quel che ad amare t'insegnò primiero?…
E non t'abborre il Re…

Anna[76]
Mi abborre,[77] è vero.

72. P: "e sento".
73. P: "de' miei passati guai".
74. P: "In te s'acqueta e vien".
75. Probabile refuso per "Nol vo". **P**: "Nol vuo'".
76. P didascalia: "colpita".
77. P. "M'aborre".

[*Duetto nel Finale I*]

Percy
S'ei t'abborre,[78] io t'amo ancora,
Qual t'amava in basso stato;
Meco obblìa di sposo ingrato
Il disprezzo ed il rigor.
Un amante che t'adora
Non posporre a rio Signor.

Anna
Ah! non sai che i miei legami,
Come sacri, orrendi sono…
Che con me s'asside in trono
Il sospetto ed il terror!…
Ah! mai più, se è ver che m'ami,
Non parlar con me d'amor.

Percy
Ahi! crudele!

Anna
Forsennato!
Fuggi, va… ten fo preghiera.

Percy
No, giammai.

Anna
Ne oppone il fato
Invincibile barriera.

Percy
Io la sprezzo.

78. P: "S'ei t'aborre".

Anna

In Inghilterra
Non ti trovi il nuovo albôr.

Percy
Ah! cadavere sotterra
Ei mi trovi... o teco ancor.

Anna
Per pietà del mio spavento,
Dell'orrore in cui mi vedi,
Cedi ai preghi,[79] al pianto cedi,
Ci divida e terra e mar.
Cerca altrove un cor contento,
Cui non sia delitto amar.

Percy
Al tuo piè trafitto e spento
Io cadrò, se tu lo chiedi;
Ma ch'io resti mi concedi
Solamente a sospirar.
Presso a te mia fia contento
Il soffrire ed il penar.

Anna (*risoluta*)
Parti, il voglio.[80] Alcun potria
Ascoltarti in queste mura.

Percy[81]
Partirò... ma dimmi pria,
Ti vedrò?... prometti... giura.

79. P: "Cedi ai prieghi".
80. P: "Parti, il voglio" non è musicato.
81. Qui termina il Duetto aggiunto di cui all'Appendice II.

Anna

No. Mai più.

Percy

Mai più! Sia questa
Mia risposta al tuo giurar.[82]

(*snuda la spada per trafiggersi*)

Anna (*gettando un grido*)

Ah! che fai! spietato!

Scena tredicesima

Smeton, e detti.

Smeton

Arresta!

Anna

Giusto Ciel![83]

Percy

Non ti appressar.[84]

(*vogliono scagliarsi uno contro l'altro*)[85]

Anna

Deh! fermate… io son perduta:
Giunge alcuno… io più non reggo.

(*si abbandona sovra una sedia*)[86]

82. P: "La risposta al tuo giurar".
83. P: "Giusto cielo".
84. P: "Non t'appressar".
85. P didascalia: "si battono".
86. P didascalia: "sviene".

Scena quattordicesima

Rochefort, accorrendo spaventato, e detti.

Rochefort
Ah! sorella…

Smeton
Ella è svenuta.

Rochefort
Giunge il Re.

Smeton e **Percy**
Il Re!!

Scena quindicesima

Enrico, Hervey, e detti.

Enrico
Che veggo?
Destre armate in queste porte![87]
In mia reggia nudi acciar!
Olà, guardie.

87. P. "queste soglie".

Scena sedicesima

Alla voce del Re accorrono i Cortigiani, le Dame, i Paggi e i Soldati. Indi Giovanna Seymour.

Percy

Avversa sorte!

Coro

Che mai fu?

Smeton e **Rochefort**[88]

Che dir? che far?

(*un momento di silenzio*)

Enrico

Tace ognuno, è ognun tremante!
Qual misfatto or qui s'ordìa?
Io vi leggo[89] nel sembiante
Che compiuta è l'onta mia;
Testimonio è il regno intero
Che costei tradiva il Re.

Smeton

Sire… ah! Sire… non è vero.
Io lo giuro al vostro piè.

Enrico

Tanto ardisci! – Al tradimento
Già sì esperto, o giovinetto?

Smeton

Uccidetemi s'io mento;
Nudo, inerme io v'offro il petto.

(*gli cade il ritratto di Anna*)

88. P: canta solo Smeton.
89. P: "Io già leggo", ma nelle ripetizioni "vi leggo".

Enrico
Qual monile?

Smeton
Oh Ciel!

Enrico
Che vedo!
Al mio sguardo appena il credo!
Del suo nero tradimento
Ecco il vero accusator.

Percy e **Anna**[90]
Oh! angoscia!

Smeton e **Rochefort**[91]
Oh! mio spavento!

Anna (*rinviene*)
Ove sono?... Oh mio Signor!
(*si avvicina ad Enrico: egli è fremente. Tacciono tutti, e abbassano gli occhi*)

Anna
In quegli sguardi impresso
Il tuo sospetto io vedo;
Ma, per pietà lo chiedo,
Non condannarmi, o Re.
Lascia che il core oppresso
Torni per poco in sé.[92]

Enrico
Del tuo nefando eccesso
Vedi in mia man la prova.

90. P: Anna è ancora svenuta, e canta solo Percy, che aggiunge: "Anna!".
91. P: canta solo Smeton.
92. P: "Torni fra poco in sé".

Il lagrimar non giova;
Fuggi lontan da me.
Poter morire adesso
Meglio sarà per te.[93]

Percy

(Cielo! un rivale in esso,
Un mio rival felice!
E me l'ingannatrice
Volea bandir da sé?
Tutta ti sfoga adesso,
Ira del fato, in me.)

Giovanna

(All'infelice appresso
Poss'io trovarmi, o Cielo!
Preso d'orror, di gelo,
Come il mio cor non è?
Spense il mio nero eccesso
Ogni virtude in me.)

Smeton e **Rochefort**

(Ah! l'ho perduta io stesso,
Colma ho la sua sventura!
Il giorno a me si oscura,[94]
Non mi sostiene il piè.
Poter morire adesso
Meglio sarìa per me.)

93. P: "Meglio sarìa per te".
94. P: "s'oscura".

[*Finale I*]

Enrico

In separato carcere
Tutti costor sian tratti.

Anna[95]

Tutti?... deh! Sire...

Enrico

Scostati!

Anna

Un detto sol...

Enrico

Ritratti!
Non io, sol denno i giudici
La tua discolpa udir.

Anna

Giudici! – ad Anna!!

Percy, **Smeton**, **Rochefort**[96]

Ahi! misera.

Giovanna e **Coro**[97]

(È scritto il suo morir!)

Anna[98]

(Ah! segnata è la mia sorte,
Se mi accusa chi condanna.

95. P didascalia: "atterrita". Dopo "Tutti?", Enrico canta: "Sì".
96. P: Rochefort non canta "Ahi! misera".
97. P: Cantano Giovanna e il Coro, e anche Percy, Smeton e Rochefort.
98. P didascalia: "disperata".

Ah! di legge sì tiranna
Al poter succumberò.[99]
Ma scolpata dopo morte,
E assoluta un dì sarò.)

Enrico

(Sì, segnata è la tua sorte,
Se un sospetto aver poss'io.
Chi divide il soglio mio
Macchia in terra aver non può.
Mi fia pena la tua morte,
Ma la morte a te darò.)[100]

Percy, **Giovanna**, **Smeton**, **Rochefort**

(Ah! segnata è la mia sorte;
A sfuggirla ogni opra è vana:
Arte in terra, o forza umana,
Mitigarla omai non può.
Nel mio core è già la morte,
E la morte ancor non ho.)

Coro

(Ah! di quanti avversa sorte
Mali affisse il soglio inglese,
Un funesto in lui non scese
Pari a quello che scoppiò.
Innocenza ha qui la morte
Che il delitto macchinò.)

99. P: "soccomberò".
100. P: prima della ripetizione della cabaletta, si legge una didascalia riferita ad Anna: "Affannosa segue Enrico. – Enrico la guarda bieco e parte; allora disperata porta la voce e rinforza"; all'uscita di Enrico, segue la ripetizione da parte di Anna di "Ah! segnata è la mia sorte...".

Atto secondo

Gabinetto che mette alle stanze ov'è custodita Anna.

Scena prima

Damigelle di Anna.[1] *Guardie alle porte.*

[*Introduzione*]

Coro di Damigelle

Oh! dove mai ne andarono
Le turbe adulatrici,
Che intorno a lei venivano
Ne' giorni suoi felici![2]
Seymour, Seymour medesima,
Da lei si allontanò.[3]
Ma noi per sempre, o misera,
Sempre con te saremo,[4]
O il tuo trionfo apprestisi,
O il tuo disastro estremo.
Pochi il destin, ma teneri
Cori per te lasciò.
Eccola… afflitta e pallida,
Move a fatica il piede.

(*esce Anna; tutte le vanno intorno. Ella siede*[5] *ecc.*)

1. Le "Damigelle di Anna" non sono indicate sul libretto.
2. Dice Anna in **IP**: "In questa Reggia / ove con instancabile costanza / adulatrice turba erami intorno, / sola m'aggiro lentamente, al suolo / fissando i lumi ai cortigiani in mezzo / solleciti a fuggirmi" (III, 1).
3. P: "s'allontanò".
4. P: "staremo".
5. P didascalia: "Ella sospira e siede".

Scena seconda

Anna e dette, indi Hervey con soldati.

Coro di Damigelle
Regina!... rincoratevi,
Nel Ciel ponete fede.
Hanno confin le lagrime,
Perir virtù non può.

Anna
O mie fedeli, o sole
A me rimaste nella mia sventura
Consolatrici, ogni speranza, è vero,
Posta è nel Cielo, in lui soltanto... In terra
Non v'ha riparo per la mia ruina.
(*esce Hervey*)
Che rechi, Hervey?

Hervey
Regina!!...
Duolmi l'amaro incarco a cui m'elegge
Il Consiglio de' Pari.

Anna
Ebben? favella.

Hervey
Ei queste ancelle appella
Al suo cospetto.

Coro
Noi!!

Anna
Nel suo proposto
È dunque fermo il Re! Tanta al cor mio

Ferita ei recherà?…[6]

Hervey

Che dir poss'io?

Anna

Piegar la fronte è forza
Al regale voler, qualunque ei sia.
Dell'innocenza mia
Voi testimoni siate…
Tenere amiche…

Coro

Oh! dì funesto!

Anna (*abbracciandole*)

Andate.

(*le ancelle partono con Hervey*)

Scena terza

Anna, *indi* Giovanna Seymour.

[*Scena e Duetto*]

Anna (*partite le ancelle, alza le mani al cielo, si prostra, e dice*)
Dio, che mi vedi in core,
Mi volgo a te… Se meritai quest'onta
Giudica tu.
(*siede e piange*)[7]

6. P: "Ferro recherà?".
7. P didascalia: "si alza e piange".

Giovanna[8]

Piange l'afflitta... ahi! come
Ne sosterrò lo sguardo?

Anna

Ah! sì: gli affanni
Dell'infelice aragonese inulti
Esser non denno, e a me terribil pena
Il tuo rigor destina...
Ma terribile è troppo...

Giovanna (*si appressa piangendo; si prostra a' suoi piedi, e le bacia la mano*)

O mia Regina!

Anna

Seymour!... a me ritorni!...
Non mi obliasti tu?...[9] Sorgi... Che veggo?
Impallidisci!... tremi?... A me tu rechi
Nuova sventura forse?

Giovanna

Orrenda... estrema!...
Gioia poss'io recarvi? Ah!... no... m'udite.
Tali son trame ordite,
Che perduta voi siete. Ad ogni costo
Vuol franti il Re gli sciagurati nodi
Che vi stringono a lui... La vita almeno...
Se non il regio nome...
La vita almen, deh! voi salvate!

Anna

E come?
Spiegati.

8. **P** didascalia: "s'avanza lentamente".
9. **P**: "Non m'obbliasti tu?".

Giovanna

In dirlo io tremo…

Pur dirlo io deggio.[10] Il confessarvi rea,
Dal Re vi scioglie e vi sottragge a morte.

Anna

Che dici tu?

Giovanna

La sorte

Che vi persegue, altro non lascia a voi
Mezzo di scampo.

Anna

E consigliar mel puoi!!…

Tu, mia Seymour!!…

Giovanna

Deh! per pietà…

Anna

Ch'io compri

Coll'infamia la vita?

Giovanna

E infamia e morte

Volete voi?…[11] Regina!… oh Ciel! cedete…
Ve ne consiglia il Re… ve ne scongiura
La sciagurata che l'amor d'Enrico
Ha destinata al trono.

Anna

Oh! chi è costei?

La conosci? favella. – Ardire ell'ebbe

10. P. "Pur dir lo deggio".
11. P didascalia: "con calore".

Di consigliarmi una viltà?... Viltade
Alla Regina sua!!... parla: chi è dessa?

Giovanna (*singhiozzando*)
Un'infelice...[12]

Anna
E tal facea me stessa.
Sul suo capo aggravi un Dio
Il suo braccio punitore.

Giovanna
Deh! mi ascolta.

Anna
Al par del mio
Sia straziato il vil suo cuore.[13]

Giovanna
Ah! perdono!

Anna
Sia di spine
La corona ambita al crine;
(*crescendo con furore; Giovanna a poco a poco si smarrisce ecc.*)
Sul guancial del regio letto[14]
Sia la veglia[15] ed il sospetto...
Fra lei sorga e il reo suo sposo
Il mio spettro minaccioso...
E la scure a me concessa,
Più crudel, le neghi il Re.[16]

12. P: "È un'infelice".
13. P: "core".
14. P didascalia: "come in visione".
15. P: "Sia la tema".
16. P: prima della ripetizione, Giovanna "si copre il volto"; mentre Anna ripete la strofa, Giovanna è "sempre fuori di sé, e tremante". La regina augura alla rivale che il re non ponga fine alla sua vita tormentata dalla presenza dello spettro di Anna.

Giovanna

Ria sentenza!… io moro… ah! cessa!
Deh! pietà, pietà… di me!
(*prostrandosi, e abbracciando le ginocchia d'Anna*)

Anna

Tu!!… Che ascolto?

Giovanna

Ah! sì, prostrata
È al tuo piè la traditrice.

Anna[17]

Mia rivale!!

Giovanna

Ma straziata
Dai rimorsi… ed infelice.

Anna

Fuggi… fuggi…

Giovanna

Ah! no: perdono:
Dal mio cor punita io sono…
(*crescendo con passione. Anna a poco a poco s'intenerisce*)
Inesperta… lusingata…
Fui sedotta ed abbagliata…[18]
Amo Enrico, e ne ho rossore…
Mio supplizio è questo amore…
Gemo e piango, e dal mio pianto
Soffocato amor non è.

17. **P** didascalia: "Anna tremante, senza guardar Giovanna".
18. [illegible] "Inesperta… lusingata… / infelice… fui sedotta". Didascalia: "Singhiozzando e seguendola in ginocchio mentre Anna vorrebbe ritirarsi".

Anna

Sorgi… ah! sorgi… È reo soltanto
Chi tal fiamma accese in te.

(*l'alza, e l'abbraccia*)

Va, infelice, e teco reca
Il perdono di Bolena;
Nel mio duol furente e cieca
T'imprecai terribil pena…
La tua grazia or chiedo a Dio,
E concessa a te sarà.
Ti rimanga in questo addio
L'amor mio, la mia pietà.

Giovanna

Ah! peggiore è il tuo perdono
Dello sdegno ch'io temea.
Punitor mi lasci un trono
Del delitto ond'io son rea.
Là mi attende un giusto Iddio[19]
Che per me perdon non ha.
Ah! primiero è questo addio[20]
Dei tormenti che mi dà.

(*Anna rientra nelle sue stanze. Giovanna parte afflittissima*)

19. P: "un giusto dio".
20. P: "questo amplesso". Giovanna vuol dire che il perdono di Anna ("amplesso") è il primo dei molti tormenti che seguiranno.

Scena quarta

Vestibolo che mette alla sala ov'è adunato il Consiglio.
Le porte sono chiuse, e tutti gl'ingressi son custoditi dalle guardie.

Coro di Cortigiani, indi Hervey.

[*Coro, Scena e Terzetto*]

Coro I
Ebben? dinanzi ai giudici
Quale dei rei fu tratto?

Coro II
Smeton.

Coro I
Ha forse il giovane
Svelato alcun misfatto?...

Coro II
Ancor l'esame ignorasi:
Chiuso tutt'ora egli è.

Tutti
Ah! tolga il Ciel che il debole
Ed inesperto core
Sedur si lasci o vincere
Da speme o da timore;
Tolga ch'ei mai dimentichi[21]
Che accusatore è il Re.
(*si apron le porte: esce Hervey*)
Ecco, ecco Hervey.

21. P: "Tolga che mai dimentichi".

Hervey (*ai soldati che partono*)
Si guidino
Anna e Percy.

Coro (*circondandolo*)
Che fia?

Hervey[22]
Smeton parlò.

Coro
L'improvido[23]
Anna accusata avrìa?[24]

Hervey
Colpa ei svelò che fremere,
Ed arrossir ne fe'.
Ella è perduta.[25]

Coro
Ahi! misera!
(Accusatore è il Re.)

Scena quinta

Enrico, Hervey, *e Coro.*

Hervey
Scostatevi… il Re giunge…
(*il Coro si ritira*)
E dal Consesso
Chi vi allontana?[26]

22. P didascalia: "sospira".
23. P: "L'improvvido".
24. P: il Coro aggiunge: "Hervey, deh, parla".
25. P: Hervey aggiunge: "Ahi! misera!".
26. P: "Chi v'allontana?", rivolto a Enrico.

Enrico

Inopportuna or fôra
La mia presenza. Il primo colpo è sceso;
Chi lo scagliò si asconda.[27]

Hervey

Oh! come al laccio
Smeton cadea!

Enrico

Nel carcer suo ritorni
Il giovin cieco, e a creder segua ancora,
Finché sospesa è l'ora
Della vendetta mia, d'aver salvata
D'Anna la vita. – Ella si appressa...[28]

Hervey

E quinci
Vien condotto Percy fra' suoi custodi.

Enrico (*per uscire*)
Si eviti.

Scena sesta

Anna e Percy da parte opposta in mezzo alle guardie. Enrico ed Hervey.

Anna (*da lontano*)
Arresta, Enrico.
(*Enrico vuol partire*)
(*Anna avvicinandosi con dignità*)
Arresta...[29] e m'odi.

27. **P**: "s'asconda".
28. **P**: "Ella s'appressa".
29. **P**: "T'arresta".

Enrico
Ti udrà[30] il Consiglio.

Anna
A' piedi tuoi mi prostro;
Svenami tu, ma non espormi, o Sire,
All'onta d'un giudizio: il regio nome
Fa che in me si rispetti.[31]

Enrico
Hai rispettato,
Il regio grado tu? Moglie d'Enrico
Ad un Percy scendevi.

Percy (*che si era fermato in disparte a queste parole si avanza*)
E tu di questo
Dispregiato Percy non isdegnasti
Farti rivale... e a lui l'amante hai tolta.

Enrico
Fellone! e ardisci?...

Percy
Il ver parlarti: ascolta.
Sarò fra poco innanzi
A tribunal più santo[32] e più tremendo
Che il tuo non sia. Giuro per quello... io giuro,
Ch'ella non ti offendea... che me scacciava,
Che all'audace mia speme ardea di sdegno...[33]

30. P: "T'udrà".
31. IP: "Un vostro cenno / mia morte imponga, ma l'onore almeno, / nel togliermi la vita, a me lasciate" (II, 3).
32. P: "sacro".
33. P: Percy prosegue "Giuro che..." ma Enrico l'interrompe.

Enrico
Dell'amor suo più degno
Un vil paggio rendeva...[34] Egli il confessa...
E cento adduce testimoni...[35]

Anna (*con forza*)
Cessa.
A questa iniqua accusa
Mia dignità riprendo, ed altamente
Di Smeton seduttor te, Sire, io grido.

Enrico
Audace donna!!...

Anna
Io sfido
Tutta la tua potenza.[36] Ella può darmi
Morte, ma non infamia. È mio delitto
L'aver posposto al trono un nobil core
Come il cor di Percy, l'aver creduta[37]
Felicità suprema
L'esser di un re consorte.[38]

Percy
Oh! gioia estrema!
No, così turpe affetto
Tu non nudrivi... io ne son certo; e lieto
Con tal certezza il mio destino attendo...
Ma tu vivrai... sì, tu vivrai.

34. P: "Un vil paggio ne fece".
35. P: "E cento ne adduce testimoni".
36. P: "possanza".
37. P: "creduto".
38. P: "Confesso, / che ingannato il mio cor vi fece un giorno / de' suoi più cari voti unico oggetto, / che per vostra cagion resa crudele, / più del trono, adorando il mio consorte" (II, 3).

Enrico

Che intendo?
Ambo morrete, o perfidi:
Chi può sottrarvi a morte?

Percy

Giustizia il può…

Anna

Giustizia!!…[39]
Muta è d'Enrico in Corte.[40]

Enrico

Ella a tacersi apprese[41]
Quando sul trono inglese
Ceder dovette il loco
Una regina a te.
Ma parlerà fra poco…

Percy

E tu l'ascolta, o Re.
Se d'un tradito talamo
Dessi vendetta al dritto,
Soltanto il mio si vendichi…
Esso nel Cielo è scritto.
Sposi noi siam.

Enrico

Voi sposi!!…

Anna

Ah! che di' tu?

39. P: "Giustizia?".
40. P: "È muta d'Enrico in corte".
41. P: "Ella a tacer si apprese".

Enrico

Tant'osi?

Percy

Riprendo i dritti miei:
Ella sia resa a me.

Enrico

E sposa sua tu sei!...

Anna (*titubante*)

Io...

Percy

Puoi negarlo?...

Anna

(Ahimè!...)

Percy

Fin dall'età[42] più tenera
Tu fosti mia, lo sai;
Tu mi lasciasti; io, misero,
Anche infedel t'amai.
Quel che mi t'ha rapita
Ti toglie onore e vita...
Le braccia io t'apro, io voglio[43]
Renderti vita e onor.

Anna

Ah! del tuo cuor magnanimo
Qual prova a me tu dai!
Perisca il dì che, perfida,
Te pel crudel lasciai!

42. P: "Fin nell'età".
43. P: "[illegible]glio".

M'ha della fé tradita
Il giusto Ciel punita...
Io non trovai nel soglio
Altro che affanno e orror.

Enrico

(Chiaro è l'inganno inutile,
Chiara la trama assai...[44]
Ma, coppia rea, non credere
Ch'io ti smentisca mai...
Dall'arte tua scaltrita
Tu rimarrai punita...
Più rio ne avrai cordoglio,
Strazio ne avrai maggior.)
Al Consiglio sien tratti, o custodi.

Anna

Anco insisti?

Percy

Il Consiglio ne ascolti.

Enrico

Va; confessa gli antichi tuoi nodi:
Non temer ch'io li voglia disciolti.

Anna

Ciel! Ti spiega... furore represso
Più tremendo sul volto ti sta.

Enrico

Coppia iniqua! l'inganno tuo stesso
Sull'odiato tuo capo cadrà.
Salirà d'Inghilterra sul trono
Altra donna più degna d'affetto;

44. P: "Chiara è la trama assai".

Abborrito,[45] infamato, reietto
Il tuo nome, il tuo sangue sarà.[46]

Anna e **Percy**
Quanto, ahi quanto! è funesto il tuo dono
Altra donna giammai non apprenda!
L'Inghilterra mai più non intenda
L'empio strazio che d'Anna si fa!
(*Anna e Percy partono fra soldati*)

Scena settima

Enrico, *indi* *Giovanna Seymour*.

[*Scena ed Aria*]

Enrico
Sposa a Percy pria che ad Enrico ell'era!
Sposa a Percy!! Non mai; menzogna è questa
Onde sottrarsi alla tremenda legge
Che la condanna, mia colpevol moglie.
E sia pur ver: la coglie
Legge non men tremenda… e la sua figlia[47]
Ravvolge anch'essa nella sua ruina

Giovanna
Sire…

Enrico
Vieni, Seymour… tu sei Regina.

45. **P**: "Aborrito".
46. **P**: "Il tuo nome da tutti sarà", poi anche "Il tuo nome, il tuo sangue sarà".
47. Elisabetta, vedi Appendice I, pag. 108.

Giovanna
Ah! Sire… il mio rimorso
Mi guida al vostro piè.
(*per prostrarsi*)

Enrico (*la solleva*)
Rimorso!…

Giovanna
Amaro,
Estremo, orrendo. – Anna vid'io… l'intesi…
Il suo pianto ho sul cor. Di lei pietade
E in un di me… Del suo morir cagione
Esser non vo',[48] né posso… Ultimo addio
Abbia il mio Re.

Enrico
Più che il tuo Re son io:
L'amante io son, l'amante
Ch'ebbe i tuoi giuri, e che fra poco all'ara
Altri ne avrà più sacri.

Giovanna
Ah! non gli avessi[49]
Mai proferiti que' funesti giuri
Che mi han perduta! Ad espiarli, o Sire,
Ne andrò in remoto asilo ove non giunga
Vivente sguardo, ove de' miei sospiri
Non oda il suono altri[50] che il Ciel…

48. P: "Esser non vuo'".
49. P: "Ah! non li avessi".
50. P: "altro".

Enrico

Deliri?

E donde in te sì strano
Proposto, o donna? E speri tu, partendo,
Anna far salva? Io più l'abborro[51] adesso,
L'abborro or più che sì ti affligge[52] e turba,
Che a spegner giunge il tuo medesmo amore.

Giovanna

Ah! non è spento… Ei mi consuma il core!
Per questa fiamma indomíta
Alla virtù preposta…
Per quegli amari spasimi,
Pel pianto che mi costa…
Odi la mia preghiera…
Anna per me non pera…
Innanzi al cielo e agli uomini[53]
Rea non mi far di più.

Enrico

Stolta! non sai…
(*si apron le porte delle sale*)
Ma, frenati:
Sciolto è il Consiglio.

Giovanna

Ah! m'odi…

Enrico (*severamente*)

Frenati.
(*Seymour rimane afflittissima*)

51. P: "l'aborro".
52. P: "[illegible]fligge".
53. P: "Innal[illegible] al cielo, agli uomini".

Scena ottava

Hervey con gli Sceriffi che portano la sentenza del Consiglio: accorron da tutte le parti i Cortigiani e le Dame, ecc..

Hervey

I Pari unanimi
Sciolsero i regi nodi…
Anna, infedel consorte,
È condannata a morte,
E seco ognun che complice
E istigator ne fu.

Coro

A voi, supremo Giudice,
Sommessa è la sentenza.
Unica speme ai miseri
È la real clemenza:
I Re pietosi immagine
Sono del Ciel quaggiù.

Enrico

Rifletterò:[54] giustizia
Prima è dei Re virtù.

(*prende la sentenza dalle mani degli Sceriffi. Giovanna si avvicina ad Enrico con dignità. Il Coro si arresta in lontananza*)

Giovanna[55]

Ah! pensate che rivolti
Terra e Cielo han gli occhi in voi;
Che ogni core ha i falli suoi
Per dovere altrui mercé.

54. P: Giovanna inserisce "Cedete…".
55. P didascalia: "Fissando in faccia Enrico e come di soppiatto".

La pietade Enrico ascolti,
Se al rigore è spinto il Re.

Enrico

Basta: uscite, e ancor raccolti
Siano i Pari innanzi a me.

Coro

La pietade Enrico ascolti,
Se al rigore è spinto il Re.

(*partono. Enrico entra nella sala del Consiglio*)

Scena nona

Atrio nelle prigioni della Torre di Londra.
Il fondo e le porte sono occupate da soldati.

Percy *scortato dalle guardie, indi* Rochefort.

[*Scena ed Aria*]

Percy
Tu pur dannato a morte,
Tu di niun fallo reo?

Rochefort
Fallo mi è grave
L'esser d'Anna fratello.

Percy
Oh! in qual ti trassi
Tremendo abisso!

Rochefort
Io meritai cadervi,
Io che da cieca ambizïon sospinto,
Anna sedussi ad aspirare al soglio.

Percy
Oh! amico… al mio cordoglio
Il tuo s'aggiunge. Ah! se sperarti salvo
Potessi ancor, men dolorosa e amara
La morte mi farìa[56] questa speranza.

Rochefort
Dividiamci da forti… alcun s'avanza.

56. P: "Mi faria la morte".

Scena decima

Hervey, e detti.

Hervey
A voi di lieto evento
Nunzio son io. Vita concede ad ambi
Clemente il Re.

Percy
Vita a noi soli! ed Anna?...

Hervey
La giusta sua condanna
Subir dev'ella.

Percy
E me sì vile ei tiene
Che viver voglia, io reo, quando ella more,
Ella innocente! A lui ritorna, e digli
Ch'io ricusai l'obbrobrïoso[57] dono.

Hervey
Che ascolto?
(*a Rochefort*)
Voi?[58]

Rochefort
Pronto al supplizio[59] io sono.
(*si getta nelle braccia di Percy*)

57. **P**: "l'obrobrïoso".
58. **P**: "E voi?".
59. **P**: "suplizio".

Percy
Vivi tu, te ne scongiuro,
Tu men tristo, e men dolente;
Cerca un suolo in cui securo[60]
Abbia asilo un innocente;
Cerca un lido in cui vietato
Non ti sia per noi pregar.
Ah! qualcuno il nostro fato
Resti in terra a lagrimar.

Rochefort
Oh! Percy! di te men forte,
Men costante non son io.

Hervey
Risolvete.

Rochefort
Udisti…

Percy e **Rochefort**
Morte.

Hervey
Sian divisi.

Percy e **Rochefort**
Amico!… addio.

Percy
Nel veder la tua costanza
Il mio cor si rasserena;
Non temea che la tua pena,
Non soffria che il tuo soffrir.

60. P: "sicuro".

L'ultim'ora che s'avanza
Ambidue sfidar possiamo,
Ché nessun quaggiù lasciamo
Né timore, né desir.
(*si danno un addio e partono fra soldati*)

Scena undicesima

Escono le Damigelle di Anna dalla prigione ov'essa è rinchiusa.

[*Coro*]

Coro
Chi può vederla a ciglio asciutto,
In tanto affanno, in tanto lutto,
E non sentirsi spezzare il cor?
Or muta e immobile qual freddo sasso;
Or lungo e rapido studiando il passo;
Or trista e pallida com'ombra in viso;
Or componendosi ad un sorriso:
In tanti mutasi diversi aspetti,
Quanti in lei sorgono pensieri e affetti
Nel suo delirio, nel suo dolor.
Chi può vederla a ciglio asciutto,
In tanto affanno, in tanto lutto,
E non sentirsi spezzare il cor?

Scena dodicesima

Anna dalla sua prigione. Si presenta in abito negletto, e col capo scoperto: si avanza lentamente, assorta in profondi pensieri. Silenzio universale. Le Damigelle la circondano vivamente commosse. Ella le osserva attentamente; sembra rasserenarsi.

[*Scena ed Aria Finale*]

Anna
Piangete voi? donde tal pianto?... È questo
Giorno di nozze. Il Re mi aspetta... è acceso,
Infiorato l'altar. – Datemi tosto
Il mio candido ammanto; il crin m'ornate
Del mio serto di rose...
Che Percy non lo sappia – il Re l'impose.

Coro
Oh! memoria funesta!

Anna
Oh! chi si duole?
Chi parlò di Percy?... Ch'io non lo vegga;
Ch'io m'asconda a' suoi sguardi. – È vano – Ei viene...
Ei m'accusa... ei mi sgrida. Oh! mi perdona...
Infelice son io. Toglimi a questa
Miseria estrema... Tu sorridi?... oh gioia!...
Non fia, non fia che qui deserta io moia!
Al dolce guidami
Castel natìo,
Ai verdi platani,
Al queto rio
Che i nostri mormora
Sospiri ancor.[61]

61. IP: "Sotto Ciel più tranquillo, in altri lidi / giorni men tristi, oh rimembranza! io

Colà, dimentico
De' corsi affanni,
Un giorno rendimi
De' miei prim'anni,
Un giorno solo
Del nostro amor.

Coro
Chi può vederla a ciglio asciutto,
In tanto affanno, in tanto lutto,
E non sentirsi spezzare il cor?

Scena tredicesima

Odesi suon di tamburi. Si presentano le guardie, Hervey *e Cortigiani.* Anna *si scuote.*

Anna
Qual mesto suon?… che vedo?…
Hervey! le guardie?…
(*le osserva attentamente; rinviene dal suo delirio*)

Hervey (*alle guardie*)
Ite, e dal carcer loro
Sian tratti i prigionieri.[62]

Anna (*atterrita*)
Oh! in quale istante
Del mio delirio mi riscuoti, o Cielo!
A che mai mi riscuoti?…

---

trassi. / Ah, chi mi renderà quei lieti istanti / della mia fanciullezza? oh dolce clima, / perché lasciai tue rive amate, e venni / tanti mali a cercar nel patrio suolo?" (IV, 1).
62. P didascalia: "le guardie partono".

Scena ultima

Escono da varie prigioni Rochefort, Percy, *e poi ultimo* Smeton.

Rochefort e **Percy**

Anna!

Anna

Fratello!…
E tu, Percy!… per me, per me morite!

Smeton (*avanzandosi, si prostra a' piedi d'Anna*)
Io solo, io vi perdei… me maledite…

Anna
Smeton!…
(*si ritira come sbigottita: e si copre il volto col manto*)

Percy

Iniquo!

Smeton

Ah! sì… lo son…[63] ch'io scenda
Con tal nome fra l'ombre. Io mi lasciai
Dal Re sedurre – Io v'accusai credendo[64]
Serbarvi in vita; ed a mentir mi spinse
Un insano desire, una speranza
Ch'io tenni in core un anno intier repressa.
Maleditemi voi…

Anna[65]

Smeton!… Ti appressa.[66]

63. P: "lo sono".
64. P didascalia: "Anna a poco a poco torna in delirio".
65. P didascalia: "in delirio".
66. P: "T'appressa".

Sorgi – che fai? Ché l'arpa tua non tempri?
Chi ne spezzò le corde?
(*Smeton è sempre in ginocchio: ella lo alza*)

Rochefort
Anna!

Percy
Che dici?

Donzelle
Ritorna a vaneggiar.

Anna
Un suon sommesso
Tramandan esse come il gemer tronco
Di un cor che more…[67] egli è il mio cor ferito
Che l'ultima preghiera al Ciel sospira.
Udite tutti.

Rochefort, **Percy**, **Smeton**[68]
Oh! rio martir!

Coro[69]
Delira.

Anna
Cielo, a' miei lunghi spasimi
Concedi alfin riposo,
E questi estremi palpiti
Sian di speranza almen.

67. P: "muore".
68. P: solo Percy.
69. P: solo Percy e Rochefort.

Tutti[70]

L'estremo suo delirio
Prolunga, o Ciel pietoso,
Fa che la sua bell'anima
Di te si desti in sen.

(*silenzio*)

(*odonsi colpi di cannone in lontano e suonar di campane. Anna rinviene a poco a poco*)

Anna

Chi mi sveglia? ove sono? che sento?[71]
Suon festivo? che fia? favellate.[72]

Coro[73]

Acclamata dal popol contento
È Regina…

Anna

Tacete… cessate.
Manca, ahi! manca a compire il delitto[74]
D'Anna il sangue, e versato sarà.

(*si abbandona fra le braccia delle Damigelle*)

Tutti

Ciel! risparmia al suo core trafitto
Questo colpo a cui regger non sa.

70. P: solo Smeton, Percy e Rochefort.
71. P: "Chi mi sveglia? ove son io? che mai sento?".
72. P: Anna aggiunge "Ebben?".
73. P: cantano invece Smeton, Percy e Rochefort, alludendo a Giovanna diventata regina.
74. P: "Manca solo a compire il delitto".

Anna

Coppia iniqua, l'estrema vendetta
Non impreco in quest'ora tremenda;
Nel sepolcro che aperto m'aspetta,
Col perdono sul labbro si scenda,
Ei m'acquisti[75] clemenza e favore
Al cospetto d'un Dio di pietà.

(*sviene*)

Tutti

Sventurata!... ella manca... ella more![76]

(*si presentano gli Sceriffi a prendere i prigionieri. Rochefort, Smeton e Percy vanno loro incontro, e, additando Anna, esclamano*)

Tutti[77]

Immolata una vittima è già!

75. P: "E m'acquisti".
76. P: questa battuta non è musicata.
77. P: cantano Smeton, Percy e Rochefort.

Appendice I

Notizie sui personaggi storici

Enrico VIII, re d'Inghilterra. Henry Tudor nacque a Greenwich il 28 giugno 1491, terzo figlio di Enrico VII ed Elisabetta di York, secondo dei quattro maschi e unico ad aver raggiunto l'età adulta. Il fratello maggiore ed erede al trono era Arturo, di conseguenza Enrico non ebbe un'educazione adeguata, e in un primo tempo venne destinato alla carriera ecclesiastica. Nel 1501 Arturo, quattordicenne, sposò Caterina d'Aragona, figlia del re di Spagna Ferdinando il Cattolico, ma morì l'anno successivo, ed Enrico, divenuto re, ne sposò la vedova, in virtù di una dispensa papale, l'11 giugno 1509. Da Caterina ebbe molti figli, fra cui due maschi, ma tutti morirono in giovanissima età, a eccezione di Mary, nata nel 1516: conosciuta come Maria la Cattolica o la Sanguinaria, sarà regina d'Inghilterra dal 1553 al 1558 tentando di riportare nell'isola la religione cattolica. A partire dal 1527 Enrico, innamorato di Anna Bolena, comincia ad agire per ottenere il divorzio da Caterina, spinto sia dal rifiuto di Anna di diventare una delle molte amanti del re ("Vostra amante, mai. Vostra moglie, se vorrete", si legge in una sua lettera a Enrico), sia dalla necessità di avere, per ragioni dinastiche, un erede maschio che ormai Caterina non era più in grado di generare; sia infine per ragioni diplomatiche, per una vecchia ruggine con i sovrani di Spagna. Le pratiche per il divorzio furono lunghe ed estenuanti, e la difficoltà di ottenerlo dal papa fu uno dei molti motivi che spinse Enrico a realizzare il definitivo distacco dell'Inghilterra dalla Chiesa di Roma, che si concretizzò fra la fine del 1529 e il marzo del 1533. In quello stesso anno Enrico sposò Anna, e il papa Clemente VII lo minacciò di scomunica.

Anna Bolena, sua moglie. Figlia di Elizabeth Howard contessa di Surrey e di Thomas Boylen, un ricco possidente cui lo stesso Enrico salendo al trono diede il titolo di visconte di Rochford, nacque nel 1507 e giovanissima venne mandata in Francia, dove già si trovava la sorella Mary, come damigella di Margherita di Navarra, sorella del re

Francesco I. Tornata in Inghilterra nel 1522, di lei s'invaghì il poeta Thomas Wyatt e il giovane Henry Percy conte di Northumberland. Notata da Enrico, che era l'amante della sorella Mary, ne accettò il corteggiamento a condizione che esso fosse finalizzato al matrimonio. Enrico la nominò marchesa di Pembrocke il primo settembre 1532, e la sposò segretamente il 25 gennaio dell'anno seguente, mentre la consacrazione ufficiale a regina d'Inghilterra avvenne a Westminster il primo giugno. Il 7 settembre di quello stesso anno Anna partorì non il tanto atteso figlio maschio, bensì una femmina, Elizabeth, destinata a diventare regina d'Inghilterra come Elisabetta I nel 1558. Nel 1535 Anna restò nuovamente incinta, ma il 27 gennaio 1536, lo stesso giorno in cui la ripudiata Caterina d'Aragona veniva sepolta, abortì un feto di tre mesi e mezzo, probabilmente di sesso maschile. Enrico, che da qualche tempo si era disinteressato di Anna, decise che era ormai opportuno liberarsi di lei, e il 24 aprile di quello stesso anno incaricò Thomas Cromwell e Thomas Howard Norfolk di trovare una colpa schiacciante contro di lei. In pochi giorni essi formularono un'accusa di adulterio con diversi cortigiani, fra i quali sir Henry Norris, un vecchio favorito del re, Francis Weston, il musico di corte Mark Smeaton, e addirittura il fratello di lei, George. Il 12 maggio vennero processati e condannati a morte Norris, Weston e Smeaton, il 15 Anna e suo fratello. Anna venne decapitata il 19 maggio; qualche giorno prima aveva scritto che "non ci fu mai sovrano più gentile né più misericordioso, e per me egli fu sempre un buono, cortese e sommo signore".

Giovanna Seymour, damigella di Anna. Jane Seymour, nata intorno al 1510, fu damigella della regina Caterina e poi di Anna Bolena, e divenne l'amante di Enrico già nel settembre del 1534; il giorno successivo la decapitazione di Anna si fidanzò con Enrico e lo sposò il 30 maggio 1536. Nell'eventualità che anche questo terzo matrimonio non avesse dato un erede maschio, negli stessi giorni il Parlamento approvò un Atto di successione che permetteva a Enrico di nominare proprio erede chiunque avesse voluto. Questo Atto serviva da un lato a eliminare dalla successione le due figlie, Maria ed Elisabetta, che egli considerava illegittime, e dall'altro gli serviva per proporre come suo successore Henry Fitzroy duca di Richmond, il figlio illegittimo che aveva avuto nel 1519 dalla relazione con Elizabeth Blounth. Una precauzione inutile, perché pochi giorni dopo il duca di Richmond moriva, e il 12 ottobre 1537 Jane dava alla luce, con il taglio cesareo, il tanto atteso maschio, che venne chiamato Edward (sarebbe diventato re come Edward VI nel 1547 alla morte del padre). Jane morì in conseguenza del parto il giorno 24 dello stesso mese di ottobre.

Lord Rochefort, fratello di Anna. Il fratello di Anna, George Boleyn visconte di Rochford, ebbe ottimi rapporti con Enrico, che fra l'altro lo mise a capo dell'ambasceria che si recò a Bologna per presenziare all'incoronazione di Carlo V da parte del papa Clemente VII. Rochford fu anche il principale sostenitore della nomina ad arcivescovo di Canterbury nel 1533 di Thomas Cranmer, l'artefice dello scisma della Chiesa d'Inghilterra. Nel 1536 venne accusato di incesto con la sorella Anna, sembra su denuncia della moglie lady Jane Parker, e decapitato insieme ad Anna il 19 maggio 1536.

Lord Riccardo Percy. Thomas Percy, figlio del conte di Northumberland, si innamorò di Anna nel 1522, ma dovette rinunciare a lei perché già fidanzato con la figlia del conte di Shrewsbury.

Smeton, paggio e musico della regina. Mark Smeaton, musico di corte, suonatore di spinetta, abile danzatore, col quale Anna ebbe un rapporto di cordiale amicizia, fu il primo a essere sospettato. Il 30 aprile 1536 venne imprigionato e interrogato da Cromwell, con l'accusa di essere l'amante di Anna, e con la minaccia di tortura gli venne estorta la confessione. Non essendo nobile, morirà impiccato.

Appendice II

Nuovo Duetto Anna/Percy nel Finale I
Vedi atto I, scena XII, nota n. 71, pag. 66

Percy

Sì, son io che a te ritorno[1]
Nel pensier di lieta sorte.
Te perduta, al Cielo un giorno
Io chiedea, chiedea la morte.
Or che a te mi vuoi vicino
Chiedo al Ciel miglior destino;
Ai ridenti giorni anelo
Della nostra prima età.

Anna

Sciagurato, ignori forse
Che sei tu d'Enrico in corte.
Dell'amor l'età trascorse,
Or qui regno ha infamia e morte.
Non io chiesi il tuo ritorno.

Percy

No?

Anna

Fu il Re…

Percy

Desso…

Anna

E per mio scorno!

1. L'autografo di questo Duetto, aggiunto da Donizetti nel corso delle repliche dell'opera al Teatro Carcano, si trova in **P** al termine del I atto. La versificazione, in due casi difettosa e in generale piuttosto banale, fa pensare che non sia di Romani.

Vanne e salva il mio decoro;
Te pur salva per pietà.

Percy

Io lasciarti… e tu mel dici?…
Ah! crudele!

Anna

Fuggi! Va!

(*Percy la prende per mano*)

Percy

Per vederti invidïata,
Sol per darti onore e fama,
Questo misero che t'ama
Altrui cederti poté.
Ma in trovarti sventurata,
Il mio dono ancor riprendo,
E da te, da te pretendo
L'amor primo, la tua fé.

Anna

Oh Percy, nemico è il fato;
Qui si tesse orribil trama;
Qui una vittima si brama:
Spetta forse addurla a te.
Non fia duol morirti a lato,
Ch'io con te morrei contenta;
Ma l'infamia mi spaventa,
Questa sol fia grave a me.

Percy

Disperati i giorni tuoi
S'ei t'aborre qui vivrai.

Anna

M'ami tu?

Percy

Sì.

Anna

Ebben, non puoi
Me infelice far giammai.

Percy

T'odia Enrico.

Anna

Io moglie sono…

Percy

D'un perverso!

Anna

Del tuo Re!

Percy (*deciso*)

Ebben!
Restati, pur m'udrai
Spento ma a te fedel.
E allor rammenterai
Che fosti a me crudel.

Anna

Vivi, mio ben, m'udrai
Spenta ma a te fedel.
E allor rammenterai
Che fui con me crudel.
(*qui Anna si abbandona fra le braccia di Percy*)

Percy

Partirò… ma dimmi pria,[2]
[…]

2. Per il seguito vedi atto I, nota 81, pag. 69.